LES LAIS DE MARIE DE FRANCE
transposés en français contemporain
par Gaston Laurion
est le quarante-sixième ouvrage
publié chez
LANCTÔT ÉDITEUR
et le septième de la
« petite collection lanctôt ».

autres ouvrages parus dans la même collection

Pierre Bourgault
LA POLITIQUE
Écrits polémiques, tome 1

Pierre Bourgault
LA CULTURE
Écrits polémiques, tome 2

Jacques Ferron
GASPÉ MATTEMPA, récit
Préface de Marcel Olscamp

Jacques Ferron
LE SALUT DE L'IRLANDE, roman
Préface de Pádraig Ó Gormaile

Suzanne Lamy
LA CONVENTION, récit
Préface d'André Gervais

Jean Marcel
LA CHANSON DE ROLAND
Version moderne en prose

à paraître

Jacques Ferron
LE CIEL DE QUÉBEC, roman

Jacques Ferron
LA CONFÉRENCE INACHEVÉE/LE PAS DE GAMELIN
ET AUTRES RÉCITS

LES LAIS
DE
MARIE DE FRANCE

LES LAIS
DE
MARIE DE FRANCE

Transposés en français contemporain par
Gaston Laurion

PCL/petite collection lanctôt

Lanctôt éditeur
1660 A, avenue Ducharme
Outremont, Québec
H2V 1G7
Tél.: (514) 270.6303
Téléc.: (514) 273.9608
Adresse électronique: lanedit@total. net

Illustration de la couverture:
La ronde, circa xiie siècle

Maquette de la couverture:
Gianni Caccia

Mise en pages:
Folio infographie

Distribution:
Prologue
Tél.: (514) 434.0306/1.800.363.2864
Téléc.: (514) 434.2627/1.800.361.8088

Distribution en Europe:
Librairie du Québec
30, rue Gay-Lussac
75005 Paris
France
Téléc.: 43 54 39 15

Nous remercions le Conseil des arts du Canada de l'aide accordée
à notre programme de publication. Lanctôt éditeur remercie égale-
ment la Sodec, du ministère de la Culture et des Communications du
Québec, de son aide.

À Nguyên thi Diên (Tuyêt)
pour sa belle patience

Présence de Marie de France

S i nous admettons que notre littérature remonte, bien au-delà des *Relations* de Jacques Cartier et de celles des jésuites, à l'époque des premières œuvres importantes de la littérature française (fin du XIᵉ siècle), nous pouvons saluer notre première femme écrivain en Marie de France, qui est de surcroît l'un des auteurs les plus captivants du XIIᵉ siècle. On lui doit, outre les *Lais,* dont nous offrons ici une transposition en français contemporain, des *Fables* et un récit hagiographique, l'*Espurgatoire saint Patrice*, qui sont des traductions respectivement de l'anglais et du latin.

□

À la fin des *Fables*, Marie se nomme et ajoute qu'elle vient de France, d'où le nom de Marie de France qu'on lui donne depuis le XVIᵉ siècle. Elle a vécu, semble-t-il, dans l'Angleterre du XIIᵉ siècle, très vraisemblablement à la cour d'Henri II Plantagenêt (mort en 1189), ce qui expliquerait qu'elle eût éprouvé le besoin de préciser son origine continentale.

On admet généralement que les *Lais* furent composés entre 1160 et 1170, durant cette deuxième moitié du xiie siècle, où Gustave Cohen situe ce qu'il appelle « notre seconde renaissance », la première ayant été l'œuvre de Charlemagne. À l'origine, les lais étaient des pièces vocales que chantaient les jongleurs bretons ; leur partie narrative était plus ou moins importante et leurs sources, comme en font foi de nombreux prologues de Marie, étaient des légendes anciennes. C'est à partir de ces textes, et sans doute aussi de récits oraux, que Marie a élaboré des contes en vers qui sont parfois de véritables nouvelles par leur dimension et auxquels on a également donné le nom de *lais*.

Ces contes, dont le thème principal est l'amour contrarié, offrent un mélange de réalisme et de merveilleux où, contrairement à ce qui se passe chez Chrétien de Troyes, l'adultère tient une place de premier plan (neuf lais sur douze). On ne doit chercher aucune morale chez Marie, aucune thèse, sauf celle que le lecteur peut lui-même déduire du sort des amants, leur amour étant une entreprise difficile, semée d'embûches, et qui les conduit souvent à la mort. La plupart des dénouements sont en effet malheureux dans l'immédiat ou annoncent le malheur, ce qui n'est pas étonnant si l'on considère que cet amour est un sentiment puissant, ne souffrant aucun compromis et bravant tous les interdits sociaux ou religieux. En somme, la conception de l'amour que l'on trouve chez Marie de France ne s'éloigne pas tellement, par bien des côtés, de celle qui a cours dans beaucoup de sociétés occidentales au xxe siècle.

Seuls cinq manuscrits nous ont conservé les *Lais*, ce qui ne permet certes pas d'affirmer qu'ils furent très connus à l'origine, contrairement à ce qui a dû se passer pour les romans de Chrétien de Troyes. Un seul manuscrit est complet, le *Harley 978* du British Museum (H), que l'on date du milieu du XIIIᵉ siècle. Les éditeurs consultent également, datant de la fin de ce même siècle, le manuscrit (S) de la Bibliothèque nationale de Paris (*nouv. acq. fr. 1104*), qui ne contient toutefois que neuf lais. Les trois autres manuscrits ne nous offrent que des lais isolés.

Pour la présente transposition, nous n'avons pas procédé à une nouvelle collation, adoptant plutôt l'excellente édition de Jean Rychner (*Les Lais de Marie de France*, Class. Fr. du M. Â., 93, Paris, Champion, 1978) qui, pour l'essentiel, reproduit le manuscrit H, avec quelques corrections.

L'exercice qui consiste à retranscrire un texte d'ancien français en français contemporain ne relève pas, à proprement parler, de la traduction puisque l'on se situe à l'intérieur d'une même langue. Il s'agit plutôt de *transposer*, un peu comme on le fait en musique, un texte ancien en langue contemporaine, c'est-à-dire passer d'un certain état de la langue à un autre, tout en conservant l'essentiel du premier. Le but est alors modestement de faciliter l'accès d'une œuvre ancienne au public non spécialiste. Pour y parvenir, on peut, comme lorsqu'il s'agit d'une traduction, s'éloigner plus ou moins du texte de départ. Dans le cas présent, nous avons cru pouvoir atteindre notre but en nous écartant le moins possible de l'original afin de ne pas trop altérer l'atmosphère qui se dégage de celui-ci. Nous avons donc suivi de près le texte de Marie de France, sauf à de rares exceptions, cherchant à retenir images et métaphores quand cela se pouvait. Nous nous sommes cependant permis d'articuler, au moyen de liens logiques, beaucoup de ces indépendantes qui, chez Marie, se succèdent souvent en asyndète, afin de rendre le sens plus directement accessible et, partant, la lecture plus agréable. Enfin, toujours dans l'intention de ménager une plus grande accessibilité, nous nous sommes résolu, mais non sans hésitation, à adopter la forme de la prose, renonçant à la disposition en vers de l'original : nous espérons que l'on ne nous en tiendra pas rigueur.

G. L.
Juin 1997

Prologue

Celui à qui Dieu a donné la science et l'aisance du langage ne doit pas s'en cacher ni se taire, mais il lui faut se produire volontiers. Quand une bonne action est bien connue, alors tout d'abord elle fleurit puis quand, de toute part, on en fait l'éloge, les fleurs s'épanouissent. Il y avait une coutume chez les Anciens, comme en témoigne Priscien, dans les livres qu'ils écrivaient, de s'exprimer avec assez d'obscurité pour que ceux qui viendraient après eux et les étudieraient pussent commenter leurs ouvrages et ajouter à leur signification première. Les philosophes savaient cela et comprenaient d'eux-mêmes que, plus le temps passerait, plus leur esprit s'affinerait et plus ils pourraient éviter ce qui, dans ces écrits, serait à laisser de côté.

Par ailleurs, celui qui veut se protéger contre le vice doit étudier et se mettre à entreprendre une œuvre ardue. De cette façon, il peut s'en éloigner et s'éviter de grandes souffrances. C'est pourquoi je conçus le projet d'écrire quelque récit de qualité, que j'aurais traduit du latin au français ; mais cela n'aurait guère été utile à ma gloire : il y en a tant d'autres qui s'en sont chargés.

Je pensai alors à des lais que j'avais entendus. Je ne doutais pas, j'en étais même sûre, qu'ils les avaient faits pour qu'on se souvienne des aventures dont ils avaient entendu le récit, ceux qui, en premier lieu, s'y étaient mis et qui les avaient fait connaître. J'en ai entendu raconter un grand nombre et je ne veux pas que s'en perde la mémoire. J'en ai fait des récits que j'ai rimés et qui m'ont demandé de nombreuses veilles.

En votre honneur, noble roi, qui êtes si preux et si courtois, devant qui toute joie s'incline et dont le cœur contient toutes les qualités, j'entrepris de réunir des lais et d'en faire des récits en vers. Dans mon cœur, je pensais et me disais, Sire, que je vous les offrirais ; s'il vous plaît de les recevoir, vous me causerez une très grande joie et je m'en réjouirai à jamais. Ne me tenez pas pour présomptueuse si j'ose vous faire un tel présent et maintenant, écoutez le commencement !

Guigemar

À celui qui traite un bon sujet, il est très désagréable que son travail ne soit pas à la hauteur. Écoutez, seigneurs, ce que dit Marie, qui, pendant sa vie, ne néglige pas son devoir. On doit louer celui qui fait parler de lui en bien, mais, quand il y a dans un pays un homme ou une femme de haute valeur, ceux qui envient leurs mérites en disent souvent du mal. Ils veulent diminuer leur valeur ; pour y parvenir, ils se mettent à imiter le chien méchant, couard et sournois qui mord le monde traîtreusement. Je ne veux pas, pour cette raison, abandonner mon projet même si railleurs et médisants veulent me l'imputer à mal : c'est bien leur droit de dire du mal !

Les contes dont je connais la véracité et dont les Bretons ont fait leurs lais, je vous les raconterai sans m'étendre. Tout au début, conformément aux écrits, je vous exposerai une aventure qui, en Petite Bretagne, arriva, il y a longtemps.

En ce temps-là, Hoël régnait sur le pays, aussi souvent en paix qu'en guerre. L'un des barons du roi était seigneur du pays de Léon : il s'appelait Oridial ; il était très près de son suzerain, car c'était un chevalier preux et brave. Sa femme lui donna deux enfants, un fils et une fille, qui était belle. La damoiselle s'appelait Noguent, le damoiseau Guigemar ; il n'y en avait pas de plus beau dans le royaume ! Sa mère le chérissait par-dessus tout et son père l'aimait beaucoup. Quand il eut l'âge de le quitter, il l'envoya servir le roi. Le jeune homme était sage et preux et se faisait aimer de tous.

Quand fut venu le temps où il avait âge et raison, le roi l'adouba richement et lui offrit des armes à la hauteur de ses vœux. Guigemar quitte alors la cour, mais, avant de partir, il fait de nombreux présents. Il se rend en Flandre, en quête de gloire : là, en effet, il y avait toujours des occasions de combattre et des guerres. En Lorraine comme en Bourgogne, en Anjou comme en Gascogne, on ne pouvait trouver, en ce temps-là, un chevalier qui fût son égal.

Pourtant la Nature avait commis une faute, car il n'avait cure d'aimer. Sous les cieux, il n'y avait dame ou pucelle, si noble fût-elle et belle, qui, s'il l'avait requise, n'aurait accepté avec grâce son amour. Beaucoup de femmes lui offrirent le leur, mais il n'était pas intéressé. Personne ne put jamais remarquer qu'il désirât aimer : c'est pourquoi les étrangers comme ses amis le tenaient pour bien mal en point. Tout au sommet de sa gloire, le chevalier se rend dans son pays pour y voir son père, son seigneur, sa bonne mère et sa sœur, qui avaient beaucoup souhaité sa venue. Auprès d'eux il est resté, je pense, un mois entier.

Or, il lui arriva d'avoir envie d'aller chasser. De nuit, il convoque ses chevaliers, ses veneurs et ses rabatteurs et, le matin, il se rend dans la forêt, car c'est là un plaisir qu'il chérit beaucoup. Ils se mettent à la poursuite d'un grand cerf et les chiens sont lâchés. Les veneurs courent devant ; le jeune homme, lui, va s'attardant ; un serviteur porte son arc, son couteau et son chien de chasse. Il veut lancer une flèche si l'occasion s'en présente, avant de quitter ces lieux.

À travers l'épaisseur d'un grand buisson, il voit une biche avec son faon ; la bête est toute blanche et elle a des bois de cerf sur la tête. Effrayée par les aboiements du chien, elle bondit ; lui tend son arc et tire dans sa direction, l'atteint en plein front, et elle tombe immédiatement. Mais la flèche ricoche et vient frapper Guigemar, lui transperçant la cuisse jusqu'à atteindre son cheval si bien qu'il doit aussitôt mettre pied à terre. Il tombe alors à la renverse sur l'herbe drue, à côté de la biche qu'il a atteinte. Celle-ci, qui est blessée, souffre et se plaint, puis elle se met à parler : « Hélas ! je suis touchée à mort et, quant à toi, jeune homme qui m'as blessée, voici quelle sera ta destinée : puisses-tu ne jamais trouver de remède, que ce soit une plante ou une racine ! Nul médecin, nulle potion ne te guériront jamais de la plaie que tu as à la cuisse jusqu'à ce que te guérisse celle qui endurera, à cause de l'amour qu'elle éprouvera pour toi, une si grande peine et une si grande douleur que jamais femme n'en souffrit de semblables, et tu souffriras de même pour elle ; ils s'émerveilleront tous, ceux qui aiment et auront aimé ou qui aimeront par la suite. Va-t'en d'ici, laisse-moi en paix ! »

Guigemar est gravement blessé ; il est effrayé par ce qu'il vient d'entendre. Il se met à réfléchir au pays où il pourra aller pour faire guérir sa plaie. Car il ne veut pas se laisser mourir. Il sait fort bien, et ne se le cache pas, que jamais il ne vit une femme à qui il pût accorder son amour et qui pût le guérir de sa souffrance. Il appelle son serviteur : « Mon ami, lui dit-il, va vite au galop, fais revenir mes compagnons, car je veux leur parler. »

Le serviteur part au galop et lui reste seul. Il souffre beaucoup et gémit. Avec sa chemise très serrée, il bande solidement sa plaie. Puis il monte à cheval et s'en va. Il lui tarde beaucoup d'être loin de ce lieu, car il ne veut pas qu'un des siens vienne le gêner ou le retenir. Il traverse le bois par un chemin verdoyant, qui le mène jusqu'à la lande ; dans la plaine, il voit la falaise et les dunes. Une rivière qui coule en bas s'élargit en bras de mer, où se trouve un port. Là, il n'y a qu'un seul navire. Guigemar en aperçoit le mât. Il est tout prêt à partir ; en dehors comme en dedans, il est calfaté si bien que personne ne peut déceler les jointures ; pas une cheville, pas un crampon qui ne soit entièrement d'ébène. Sous le ciel, il n'y a rien qui vaille davantage ! La voile est toute de soie ; quelle beauté lorsqu'elle est déployée ! Le chevalier est soucieux : dans la région et même dans le pays, il n'a jamais entendu dire qu'un navire pût aborder à cet endroit. Il se met en marche, puis descend de cheval.

À grand-peine, il embarque ; il pensait qu'il trouverait des gens à l'intérieur qui fussent préposés à la garde de la nef ; or, il n'y a personne ; il ne voit personne. Au milieu du navire, il trouve un lit dont les montants et les longerons sont construits selon la technique de Salomon, d'or gravés et tout incrustés, faits de cyprès et d'ivoire blanc. L'édredon qui le recouvre est de soie brochée d'or. Les draps sont sans prix et, quant à l'oreiller, sachez seulement que celui qui y aurait posé la tête n'aurait jamais eu de cheveux blancs. La couverture de zibeline est doublée de pourpre alexandrine. Deux chandeliers d'or pur (le moins précieux vaut un trésor) se trouvent à la proue du navire, garnis de deux cierges allumés. Il s'en émerveille et s'appuie sur le lit ; il se repose, car sa plaie lui fait mal. Puis il se lève et veut s'en aller, mais il ne peut repartir, car le navire est déjà en haute mer. Avec lui, il file rapidement, car il fait beau et le vent est doux. Il n'est pas question de retourner. Très triste, il ne sait que faire. Il n'est pas étonnant qu'il s'inquiète, car sa plaie le fait grandement souffrir. Il lui faut supporter cette aventure. Il prie Dieu qu'Il le protège, que, dans sa puissance, Il le conduise à un port et qu'Il le préserve de la mort.

Il se couche dans le lit et s'endort ; aujourd'hui il a subi le plus ardu ; avant le soir, il parviendra là où l'attend la guérison, au pied d'une vieille ville qui est la capitale du royaume. Le seigneur qui la protégeait était un très vieil homme, dont la femme était de haute naissance, noble, courtoise, belle et sage. Lui était jaloux à l'excès, car ainsi le veut la nature que tous les vieillards soient jaloux. Chacun ayant en horreur d'être cocu, voilà l'épreuve que l'âge fait subir. Il ne badinait pas dans sa surveillance :

tout autour d'un jardin au pied du donjon, il y avait un enclos, dont le mur était de marbre vert et était très épais et très haut. Il n'y avait qu'un seul accès qui, nuit et jour, était gardé ; sinon, le jardin donnait sur la mer ; nul ne pouvait en sortir ou y entrer si ce n'était en bateau lorsque quelque besoin l'exigeait au château.

À l'intérieur de l'enceinte, pour mettre sa femme en sécurité, le seigneur avait fait construire un appartement : il n'en existait pas de plus beau. À l'entrée, se trouvait la chapelle, et tous les murs étaient peints ; Vénus, déesse de l'amour, y était très bien représentée ; elle illustrait le caractère et la nature de celui-ci, et comment l'on doit faire l'amour, loyalement et en servant avec dévouement. Le livre où Ovide enseigne comment chacun doit réprimer son amour, elle le jetait dans un feu ardent et elle excommuniait tous ceux qui jamais liraient ce livre et suivraient son enseignement.

C'est là que la dame fut enfermée. Le seigneur avait mis une pucelle à son service, qui était de haute noblesse et de bonne éducation, sa nièce, la fille de sa sœur. Elles s'aimaient beaucoup toutes les deux et la jeune fille restait avec la dame lorsque le seigneur était absent. Jusqu'à son retour, il n'y avait ni homme ni femme qui entrât à l'intérieur, ni ne sortît hors de cette enceinte. Un vieux prêtre aux cheveux et à la barbe chenus gardait la clé de la porte. Il était dépouillé de sa vigueur, sinon on n'aurait pas eu confiance en lui. Il disait l'office divin et servait les repas de la dame.

Ce jour-là même, au début de l'après-midi, la dame s'était rendue dans le jardin ; elle avait dormi après le repas, puis elle était allée se distraire. Seule la jeune fille l'accompagnait. Regardant en bas vers le rivage, elles aperçoivent le navire, qui, à la faveur de la marée haute, fait voile vers le port, mais elles ne voient aucun timonier. La dame veut alors fuir : il n'est pas étonnant, en effet, qu'elle ait peur ; elle en est toute rouge. Mais la jeune fille, qui était sage et d'un tempérament plus hardi, la réconforte et la rassure. Elles se dirigent donc rapidement de ce côté ; la pucelle enlève son manteau et monte dans le navire, qui est très beau, mais elle n'y trouve âme qui vive en dehors du chevalier, qui dormait. Elle s'arrête et le regarde ; il était pâle et elle le crut mort.

Elle revient sur ses pas et se hâte d'appeler sa maîtresse. Elle lui dit toute la vérité, plaignant le mort qu'elle a vu. La dame répond : « Alors, allons-y ! S'il est mort, nous l'enterrerons ; notre prêtre nous aidera. Si je le trouve vivant, il parlera. » Elles y vont ensemble sans plus tarder, la dame devant et la jeune fille derrière elle ; étant entrée dans le navire, elle s'arrête devant le lit et regarde le chevalier ; elle se lamente sur la beauté de son corps. Pour lui, elle était triste et peinée et dit que c'était dommage pour sa jeunesse. Elle pose sa main sur sa poitrine : elle sent alors qu'il est chaud et que son cœur bat normalement sous ses côtes.

Le chevalier, qui dormait, s'éveille et, l'apercevant, en est tout heureux et la salue ; il se rend très bien compte qu'il a accosté. La dame, désolée et soucieuse, lui répond avec beaucoup de bonté ; puis elle lui demande comment il est

parvenu à cet endroit et de quel pays il est parti, s'il est
exilé à cause d'une guerre. « Madame, fait-il, il n'en est
rien, mais, s'il vous plaît que je vous en parle, je vous
raconterai la vérité sans rien vous cacher. Je reviens de la
Petite Bretagne. Aujourd'hui, je suis allé chasser dans la
forêt. J'ai atteint une biche blanche, mais la flèche a
rebondi et m'a blessé à la cuisse au point où je crois n'en
jamais guérir. Et voilà que la biche, en gémissant, se mit
à parler : elle me maudit avec colère et souhaita que je
n'obtienne jamais guérison que par la grâce d'une jeune
femme ; mais je ne sais où la trouver. Quand j'eus appris
quel était mon destin, je suis rapidement sorti du bois.
Dans un port, je vis le navire et j'embarquai, ce qui fut
une folie ! Le navire est parti avec moi à bord. J'ignore où
je suis parvenu et comment s'appelle cette ville. Belle
dame, au nom de Dieu, je vous en prie, conseillez-moi,
s'il vous plaît, car je ne sais où aller et ne puis diriger le
navire. »

Elle lui répond : « Noble et cher seigneur, je vous
donnerai volontiers un conseil. Cette ville appartient à
mon seigneur de même que toute la région des alentours.
C'est un homme puissant, de haut lignage, mais il est très
vieux et horriblement jaloux. Je vous le dis, par cette foi
que je vous dois. Dans cette enceinte, il m'a enfermée ; il
n'y a qu'une seule issue et c'est un vieux prêtre qui garde
la porte : Dieu m'accorde que le feu de l'enfer le brûle !
Je suis enfermée ici, nuit et jour. Jamais je n'aurai
l'audace de sortir s'il ne le commande ou si mon seigneur
ne me demande auprès de lui. J'ai ici mes appartements et
ma chapelle et, avec moi, vit cette jeune fille. S'il vous
plaît de rester ici jusqu'à ce que vous puissiez mieux vous

mouvoir, nous vous hébergerons volontiers et vous servirons de bon cœur. » Après avoir entendu ses propos, il remercie la dame avec grâce : il restera auprès d'elle, dit-il.

Sortant du lit, il se met debout ; les deux femmes le soutiennent avec peine. La dame le conduit dans sa chambre ; sur le lit de la jeune fille derrière un panneau qui, en guise de rideau, était dressé dans la chambre, c'est là que l'on étend le jeune homme. Elles apportent de l'eau dans des bassins d'or et lavent la plaie de sa cuisse ; avec un beau morceau de lin blanc, elles enlèvent le sang tout autour, puis elles appliquent un pansement bien serré. Elles l'entourent de soins très attentifs. Quand on leur servit leur repas du soir, la jeune fille en mit assez de côté pour que le chevalier en eût en quantité suffisante ; il a bien mangé et bien bu.

Amour l'a cependant frappé au vif : son cœur est désormais très tourmenté, car la dame l'a tellement blessé qu'il en a tout oublié son pays, mais sa plaie ne le fait plus souffrir. Il soupire très douloureusement. Il prie la jeune fille qui est à son service de le laisser dormir ; celle-ci s'en va et le laisse seul puisqu'il lui a donné congé. Elle va auprès de sa maîtresse, embrasée du même feu dont souffre Guigemar et qui enflamme et consume son cœur. Le chevalier est resté seul, pensif et angoissé ; il ne sait encore de quoi il s'agit, mais néanmoins, il se rend parfaitement compte que, si la dame ne le guérit pas, c'est pour lui la mort sûre et certaine. « Hélas, dit-il, que faire ? J'irai à elle et lui dirai qu'elle ait la grâce d'avoir pitié d'un malheureux abandonné ; si elle rejette ma prière et qu'elle se montre orgueilleuse et fière, il ne me reste plus qu'à mourir de douleur ou bien qu'à languir sans répit de mon mal. » Alors, il soupire. Mais bientôt il a une autre idée : il se dit qu'il lui faut souffrir puisque c'est le sort de celui qui ne peut mieux. Toute la nuit, il a ainsi veillé, soupiré et souffert. Au fond de lui-même, il se rappelle les paroles, la mine, les yeux brillants, la belle bouche, dont la douceur touche son cœur. À voix basse, il demande grâce et il est tout près de l'appeler son amie. S'il avait su ce qu'elle ressentait et comment Amour la torturait, je pense bien qu'il en aurait été fort heureux ; un peu de réconfort aurait diminué sa souffrance, qui le fait pâlir.

S'il souffre à cause de son amour pour elle, elle-même ne peut en rien se féliciter. De bon matin, avant le lever du jour, la dame est debout. Elle avait veillé et s'en plaint ; c'est à cause d'Amour qui la torture. La jeune fille, qui se trouvait avec elle, s'est aperçue à sa mine que la dame est amoureuse du chevalier qu'elles hébergent dans la chambre pour le guérir. Mais elle ne sait s'il l'aime ou non. Pendant que la dame est à la chapelle, la jeune fille se rend auprès du chevalier et s'assoit devant le lit. Il l'invite à s'approcher et lui dit : « Mon amie, où ma dame est-elle allée ? Pourquoi s'est-elle levée si tôt ? » Alors, il se tait et se met à soupirer. La demoiselle lui adresse la parole en ces termes : « Seigneur, fait-elle, vous êtes amoureux ; gardez-vous de trop vous dissimuler ! Vous pouvez aimer d'une telle façon que votre amour soit en bonne position. Celui qui voudrait aimer ma dame devrait penser beaucoup de bien d'elle. Cet amour conviendrait si vous étiez tous deux constants, car vous êtes beau et elle est belle. » Il répondit à la demoiselle : « J'éprouve un tel amour que cela tournera certes mal pour moi si je ne reçois secours ni aide. Conseillez-moi, ma douce amie ! » La demoiselle, avec grande douceur, réconforte le chevalier, l'assurant de son aide dans tout ce qu'elle peut faire pour lui. Elle est courtoise et aimable.

Quand la dame a entendu la messe, elle revient sans plus attendre ; elle veut savoir ce que fait le chevalier, s'il veille ou s'il dort ; son amour pour lui ne cesse de la hanter. La jeune fille lui dit de se rendre auprès du chevalier ; elle pourra, tout à loisir, lui dévoiler le fond de son cœur, que cela tourne à bien ou à mal. Il la salue et elle, de même. Ils sont tous les deux très émus. Il n'ose pas la requérir d'amour ; comme il vient d'un pays étranger, il craint que, s'il se découvre, elle ne se mette à le haïr et ne l'éconduise.

Mais celui qui n'avoue pas son mal ne peut recouvrer la santé. L'Amour fait une blessure à l'intérieur du cœur, et c'est pourquoi il n'en paraît rien au-dehors ; c'est un mal qui dure longtemps, car il vient de la Nature. Beaucoup ne le prennent pas au sérieux, comme ces soupirants grossiers qui font la cour à toutes les dames, puis se vantent de leurs hauts faits. Ce n'est pas là amour, mais folie, lâcheté et débauche. Celle qui peut en trouver un qui soit loyal doit bien le servir, l'aimer et faire ce qu'il demande.

Guigemar est profondément amoureux : ou bien on le secourra promptement, ou bien il lui faut vivre au rebours de ses vœux. L'Amour lui donne de la hardiesse et il dévoile à la dame son désir : « Dame, fait-il, je me meurs à cause de vous. Mon cœur est plongé dans de grandes souffrances : si vous ne voulez pas me guérir, alors, à la fin, il me faudra mourir. Je vous requiers d'amour, belle dame, ne m'éconduisez pas ! » L'ayant écouté avec attention, elle lui répond gracieusement ; elle lui dit, en souriant : « Mon ami, ce serait prendre une décision bien rapide que de vous accorder ce que vous demandez ; cela n'est certes pas dans mes habitudes. — Madame, fait-il, au nom de Dieu, je vous en supplie ! Que mes paroles ne soulèvent en vous nulle colère ! Une femme dont les mœurs sont légères doit se faire prier longtemps, pour augmenter son prix, faisant en sorte que son amant ne pense pas qu'elle a l'habitude de s'accorder ce genre de plaisir ; mais la dame qui a de bonnes intentions et qui recèle en elle-même valeur et bon sens, si elle trouve un homme qui lui convienne, ne se montrera pas trop farouche, mais elle l'aimera, et savourera avec lui l'amour. Avant que personne ne le sache ou ne l'apprenne, ils auront tiré profit de leur relation. Belle dame, arrêtons là ce plaidoyer ! »

La dame comprend qu'il dit vrai et lui accorde sans tarder son amour et il lui donne un baiser. Dès ce moment, Guigemar ressent le bonheur. Ils sont allongés l'un contre l'autre et ils causent. Souvent, ils s'embrassent et se serrent l'un contre l'autre. Quant au reste, ce que pratiquent d'ordinaire les autres amants, il faut leur faire confiance ! Je crois bien que, pendant une année et demie, Guigemar resta avec la dame : leur vie était exquise, mais la fortune, qui n'est jamais en reste, fait tourner sa roue en peu de temps : de cette façon, elle place les uns en haut, les autres en bas. C'est ce qui leur arriva, car ils furent bientôt découverts.

Par un matin d'été, le jeune homme gît auprès de la dame et celle-ci lui donne des baisers sur la bouche et sur le visage, puis elle lui dit : « Beau doux ami, mon cœur me dit que je vais vous perdre : on apprendra nos relations, on nous découvrira. Si vous mourez, je veux mourir également, mais, si vous pouvez partir vivant, vous trouverez un autre amour et je resterai avec ma peine. — Madame, fait-il, ne dites pas cela ! Que jamais je n'aie joie ou repos si d'aventure j'accepte les faveurs d'une autre ! N'ayez aucune crainte ! — Mon ami, laissez-moi quelque assurance, donnez-moi votre chemise ; dans la partie inférieure, je ferai un nœud. Je vous autorise, où que ce soit, à aimer celle qui le défera, sachant le dénouer. » Il lui remet sa chemise, ce qui la met en confiance. Elle y fait un nœud d'une telle qualité que nulle femme ne puisse le défaire, sans utiliser ciseaux ou couteau. Elle lui rend alors sa chemise, mais il la reçoit à condition qu'elle lui donne un gage de sa propre fidélité, au moyen d'une ceinture, cette fois, dont il ceint sa chair nue, en lui serrant un peu la hanche. Celui qui pourra ouvrir la boucle, sans la fracturer et sans couper la ceinture, il la prie de l'aimer. Puis il lui donne un baiser et les choses en restent là.

Ce jour-là, ils furent surpris, découverts, pris sur le fait et vus par un chambellan mal intentionné, que son seigneur avait envoyé là. Il voulait parler à la dame, mais il ne put pénétrer dans la chambre ; par une fenêtre, il les vit et il retourna auprès de son maître pour lui révéler ce qui se passait. Quand le seigneur eut entendu son récit, il fut plus malheureux que jamais.

Il fait venir trois de ses intimes et se rend tout de suite à l'appartement, dont il fait enfoncer la porte ; à l'intérieur, il trouve le chevalier. Sous l'effet d'une grande colère, il donne l'ordre qu'on le tue. Guigemar se dresse et n'éprouve aucune crainte. Il saisit un gros gourdin de sapin, sur lequel on faisait sécher le linge, et attend ses attaquants, comptant en faire souffrir quelques-uns. Avant qu'ils ne l'aient approché, il les aura tous malmenés. Le seigneur, après l'avoir bien regardé, lui demande qui il est, d'où il vient et comment il est entré là. Guigemar lui raconte comment il est arrivé et comment la dame l'a retenu auprès d'elle ; il lui parle de la prédiction faite par la biche blessée, du navire et de sa plaie. Maintenant, il est tout en son pouvoir. Le seigneur lui répond qu'il ne le croit pas et que, si tout s'était passé comme il a dit et qu'il pût retrouver le navire, alors il lui ferait reprendre la mer. Si Guigemar s'en tirait, cela lui serait désagréable, et il lui plairait qu'il se noyât. Après que le seigneur lui a garanti sa sécurité, ils se rendent ensemble au port ; ils trouvent le navire et on y fait monter Guigemar, qui navigue alors vers son pays.

Le navire vogue sans tarder ; le chevalier soupire et pleure : il ne cesse de regretter la présence de la dame et prie Dieu tout-puissant de lui donner rapidement la mort et de ne jamais lui permettre de toucher terre s'il ne peut revoir son amie, qu'il désire plus que sa vie. Pendant qu'il s'abandonne à sa douleur, le navire atteint le port où il l'avait jadis trouvé. C'était très près de son pays. Il débarque le plus vite possible. Un jeune homme qu'il avait eu à son service était à la recherche d'un chevalier, tenant un destrier par la bride. Guigemar le reconnaît et l'appelle. Le jeune homme se retourne alors, aperçoit son seigneur et met pied à terre. Il lui fait don du cheval et chevauche avec lui.

Ils sont joyeux, tous ses amis, de l'avoir retrouvé. On lui fait grand-fête dans son pays, mais lui reste sombre et soucieux. On voulait qu'il prît femme, mais lui refuse toutes les propositions : jamais, au grand jamais, il ne prendra femme, que ce soit pour de l'argent ou par amour, à moins qu'elle ne puisse dénouer sa chemise sans la déchirer. La nouvelle se répand par toute la Bretagne et il n'y a dame ou jeune fille qui n'aille tenter l'épreuve, mais aucune ne peut défaire le nœud.

Parlons maintenant de la dame à qui Guigemar accorde tant d'amour. Sur le conseil d'un de ses hommes, son mari l'a fait enfermer dans une tour de marbre gris. Elle souffre, pendant le jour, et plus encore, la nuit. Personne au monde ne pourrait dire sa grande peine, ni le tourment, l'angoisse et la souffrance qu'elle endure, dans cette tour. Elle y passa deux ans et même plus, je crois ; jamais elle n'eut joie ou plaisir. Souvent elle pleure l'absence de son ami : « Seigneur Guigemar, c'est pour mon malheur que je vous ai vu ! Mieux vaut une mort rapide que de souffrir longtemps de ce mal. Mon ami, si je puis m'échapper, à l'endroit où vous avez pris la mer, je me noierai. »

Alors elle se lève ; tout égarée, elle se rend à la porte, où elle ne trouve clé ni serrure. Elle sort et, par chance, il n'y a personne, à aucun moment, pour contrarier sa marche. Elle arrive au port et y trouve le navire, amarré au rocher, là où elle voulait se noyer. Dès qu'elle le voit, elle y

pénètre, mais elle se met à penser qu'à cet endroit son ami
s'est noyé et ses jambes ne la supportent plus. Si elle avait
pu se rendre jusqu'au bastingage, elle se serait laissée
choir dans l'eau, car elle souffre peine et tourment. Le
navire part qui l'emporte rapidement et accoste à un port
de Bretagne, au pied d'un château bien fortifié.

Le seigneur à qui celui-ci appartient s'appelait Mériaduc.
Il faisait la guerre à l'un de ses voisins et, pour cette
raison, s'était levé de bon matin, car il voulait envoyer ses
hommes dévaster les terres de son ennemi. Se tenant à
une fenêtre, il vit arriver le navire. Il descend l'escalier,
fait venir son chambellan. Ils se rendent au navire, ils y
montent par l'échelle et y trouvent la dame, qui ressemble
à une fée tant elle est belle. L'ayant saisie par son man-
teau, il l'emmène à son château. Il était très heureux de
cette découverte, car elle était belle au-delà de toute
mesure. Il ignore qui l'a mise dans l'embarcation, mais il
est sûr qu'elle est de haute naissance. Il éprouve pour elle
un amour tel que jamais il n'en avait ressenti de plus
grand pour une femme. Il avait une sœur qui était pucelle,
à qui il confia la dame pour la conduire dans sa chambre,
qui était fort belle. Là, elle est bien servie et comblée
d'honneurs. On la vêt et on la pare richement ; mais elle
reste pensive et sombre. Il va souvent causer avec elle, car
il l'aime de tout son cœur ; il la requiert d'amour, mais
elle n'en a cure. Elle lui montre la ceinture : jamais, lui
dit-elle, elle n'aimera un homme, à moins qu'il ne l'ouvre
sans la rompre. Quand il l'entend, il lui répond, avec
dépit : « Il y a aussi, dans le pays, un chevalier de très
haute valeur qui, vous imitant, refuse de prendre femme,
invoquant une chemise dont le pan droit est plié ; per-

sonne ne peut défaire le nœud, sans y mettre ciseaux ou couteau. Ce pourrait être vous, je pense, qui avez fait ce nœud. » Quand elle l'entend, elle se met à soupirer et il s'en faut de peu qu'elle ne s'évanouisse. Il la reçoit dans ses bras et coupe les lacets de son bliaut, car il veut défaire la ceinture, mais il ne peut en venir à bout. Par la suite, il n'y eut chevalier dans le pays à qui il ne fît tenter l'épreuve.

Les choses en restèrent là bien longtemps, jusqu'à un tournoi où Mériaduc s'était engagé à combattre celui à qui il faisait la guerre. Il envoie chercher des chevaliers, qu'il retient auprès de lui. Or, je sais fort bien que Guigemar était des leurs, à qui Mériaduc demanda, en retour de services rendus et à titre d'ami et de compagnon, de ne pas lui faire défaut, dans le besoin où il se trouvait, et de lui apporter son aide. Guigemar vint en grand équipage et, avec plus de cent chevaliers, Mériaduc, dans son donjon, le logea avec faste. Il mande à sa sœur de venir le rencontrer, lui faisant dire par deux chevaliers de se parer et de se présenter à lui avec la dame qu'il aime tant.

Sa sœur lui obéit et toutes les deux, richement vêtues, se tenant par la main, se présentent dans la salle. La dame était soucieuse et pâle. Elle entend le nom de Guigemar et ne peut plus se soutenir ; si la jeune fille ne l'avait retenue, elle serait tombée par terre. Se levant, le chevalier s'approche d'elles, voit la dame et observe sa mine et son maintien. Reculant un peu, il se dit : « Serait-ce donc bien ma douce amie, mon espérance, mon cœur et ma vie, ma belle dame, celle qui m'a aimé ? D'où vient-elle ? Qui l'a amenée ici ? Mais ce sont là de bien folles pensées ; je sais fort bien qu'il ne s'agit pas de mon amie. Les femmes se ressemblent toutes. J'ai tort de penser autrement, mais, à cause de celle à qui elle ressemble et pour qui mon cœur soupire et tremble, il faut que je lui parle. » Alors le chevalier s'avance, lui donne un baiser et la fait asseoir à ses côtés. Il ne lui adresse pas la parole, si ce n'est pour lui dire de s'asseoir.

Mériaduc les observait, et cette scène le chagrine. Il appelle alors Guigemar, en riant : « Seigneur, dit-il, si cela vous agrée, cette jeune fille pourrait essayer de dénouer votre chemise, pour voir si elle y parviendrait. » Le chevalier répond : « Je suis d'accord. » Il appelle un chambellan, à qui il a confié la chemise, et lui ordonne d'apporter celle-ci. On la remet à la jeune fille, mais elle ne réussit pas à la dénouer.

La dame, elle, reconnaît fort bien le nœud. Son cœur ressent un grand tourment, car elle s'essayerait si cela lui était donné ou si elle osait. Mériaduc s'en aperçoit parfaitement et en est on ne peut plus triste. « Madame, fait-il, essayez donc pour voir si vous pourriez défaire le nœud ! » À ce commandement, elle saisit le pan de la chemise et le dénoue sans effort. Le chevalier s'en émerveille ; il la reconnaît très bien, et pourtant il n'arrive pas à se libérer d'un doute. Il lui parle alors ainsi : « Mon amie, créature de douceur, est-ce bien vous ? Dites-moi la vérité ! Laissez-moi voir votre corps et la ceinture dont je l'ai ceint. » Il met alors les mains sur sa taille et touche à la ceinture. « Belle dame, dit-il, quelle aventure que de vous avoir trouvée ici ! Qui vous a conduite en ce lieu ? » Elle lui raconte la souffrance, les tourments et la tristesse qu'elle endura dans la prison où elle se trouvait et comment il lui est arrivé de s'échapper. Voulant se noyer, elle avait trouvé le navire, elle y était montée et était parvenue à ce port où le chevalier l'avait retenue, en l'honorant. Mais, chaque jour, il la requérait d'amour. Maintenant, elle avait retrouvé sa joie. « Mon ami, emmenez votre amante ! »

Guigemar se leva, puis il dit : « Seigneur, écoutez-moi ! Voici que j'ai retrouvé mon amie, que je croyais avoir perdue. Je supplie Mériaduc de me la rendre, et je l'en prie. Je deviendrai son homme lige et, pendant deux ou trois ans, je serai à son service avec cent chevaliers ou plus. » Mériaduc répond ce qui suit : « Guigemar, mon bon ami, aucune guerre ne me presse ni ne me contraint au point que vous puissiez me faire une telle demande. Je l'ai trouvée et je la garderai, et la défendrai contre vous. » Dès qu'il l'entend, en toute hâte, Guigemar ordonne à ses hommes de se mettre en selle. Il s'en va, après avoir défié Mériaduc, mais il souffre d'abandonner son amie. Dans la ville, il n'y a aucun chevalier qui, étant venu pour le tournoi, ne parte avec Guigemar ; chacun lui donne sa foi : ils l'accompagneront où qu'il aille. Grande honte à celui qui alors lui refuse son aide !

Ce soir-là, ils arrivent au château du seigneur qui était en guerre avec Mériaduc. Il leur donne le gîte, tout heureux qu'il est de l'aide que lui offre Guigemar. Il sait fort bien que, dès lors, la guerre est terminée. Le lendemain matin, ils se lèvent et s'équipent dans leurs quartiers, puis sortent de la ville très bruyamment. Guigemar, en tête, les conduit. Ils parviennent au château et donnent l'assaut, mais, comme celui-ci est bien fortifié, ils ne peuvent le prendre. Guigemar assiège alors la ville et ne repartira qu'elle ne soit prise. Le nombre de ses amis et des combattants augmente à un point tel qu'il accule tous les assiégés à la famine. Il prend le château, puis le détruit et tue le seigneur. Rempli de joie, il emmène son amie : ses peines sont alors terminées.

Le conte que vous avez entendu a donné le lai de *Guigemar*, que l'on joue sur la harpe et sur la rote. La mélodie en est très agréable à entendre.

Équitan

C'étaient de très nobles guerriers que ceux de Bretagne, les Bretons ! Jadis leur prouesse, leur courtoisie et leur noblesse les incitaient à faire des lais sur les nombreuses aventures dont ils entendaient parler, afin d'en conserver le souvenir et d'éviter qu'on ne les oublie. Ils en firent un que j'ai entendu conter et qui ne mérite pas de tomber dans l'oubli. Il s'y agit d'Équitan qui était très courtois, seigneur des Nantais, juge, souverain et roi.

Équitan était très respecté et aimé dans son pays. Il chérissait le plaisir et l'amour. Et c'est pourquoi il se conduisait en bon chevalier. Ceux-là n'ont cure de leur vie qui en amour n'ont sagesse ni modération ; mais telle est la nature de l'amour que nul n'y peut garder la raison. Équitan avait un sénéchal, bon chevalier, preux et loyal. Il veillait sur ses terres, les gardait et les administrait. Car jamais, à moins que ce ne fût pour faire la guerre, quelle que fût l'affaire qui se présentât, le roi n'aurait renoncé à une chasse en forêt ou au gibier d'eau, à une partie de plaisir.

Or, le sénéchal avait une femme qui fut par la suite cause de grands maux pour le pays. La dame était fort belle et de très bonne éducation. Elle avait un corps racé et de belle allure : la nature avait mis tous ses soins à le façonner ; elle avait des yeux lumineux, un beau visage, une belle bouche, un nez bien formé : dans le royaume, elle n'avait pas sa pareille. Le roi l'entendit souvent louée et souvent la salua et lui envoya des cadeaux ; il l'avait désirée avant même de l'avoir vue et, dès qu'il le put, il lui adressa la parole. Voulant se divertir sans escorte, il alla chasser dans le pays où demeurait le sénéchal. Dans le château où se trouvait la dame, le roi logeait pendant la nuit ; quand il revenait de la chasse, il avait tout le loisir de converser avec elle, de lui dévoiler son cœur et son désir. Il la trouvait très courtoise et sage, belle de corps et de visage, de belle apparence et enjouée. L'Amour l'a pris sous sa coupe ; lui lançant une flèche, il le blessa profondément : il avait atteint et transpercé son cœur. Bon sens ou expérience n'y font rien ; l'amour qu'il éprouve pour la dame l'a conquis au point qu'il devient sombre et pensif. Maintenant, il lui faut s'y consacrer entièrement ; il ne pourra s'en défendre.

La nuit, il ne dort ni ne repose, mais il s'adresse des reproches et se gronde : « Hélas ! dit-il, quel sort m'a conduit en ce pays ? À cause de cette dame que j'y ai vue, une angoisse étreint mon cœur qui agite tout mon corps. Je crois bien que je ne puis que l'aimer. Et si je l'aime, je me conduirai mal, car c'est la femme du sénéchal ; je lui dois respect et fidélité tout comme je veux qu'il fasse à mon égard. Si, par quelque ruse, il apprenait la chose, je sais fort bien qu'il en serait très malheureux. Mais

pourtant ce sera bien pire si, à cause d'elle, je suis meur-
tri. Quel grand malheur si une si belle dame n'était pas
amoureuse et n'avait point d'amant ! Que deviendrait sa
courtoisie si elle n'avait pas de liaison amoureuse ? Il n'y
a aucun homme au monde qui, si elle l'aimait, ne devien-
drait bien meilleur. Si le sénéchal apprend notre liaison, il
ne doit pas trop s'en affliger : n'est-il pas vrai qu'il ne
peut la garder pour lui seul ? À vrai dire, je veux la parta-
ger avec lui. » Après avoir dit cela, il se mit à soupirer,
puis il s'étendit et réfléchit plus avant. Ensuite il se dit :
« Pourquoi donc suis-je tourmenté et troublé ? Je ne sais,
et n'ai reçu aucun signe d'elle si elle ferait de moi son
amant ; mais je le saurai rapidement. Si elle éprouvait ce
que moi-même j'éprouve, cette douleur me quitterait. Ah
Dieu ! que le jour tarde à venir ! Je ne puis plus trouver
de repos ; et pourtant il y a longtemps que je suis couché,
depuis hier soir. »

Le roi veilla jusqu'au lever du jour, qu'il avait attendu
avec beaucoup de peine. Il se lève alors et va à la chasse,
mais, après peu il fait demi-tour et dit, en arrivant au
château, qu'il est très las ; il se retire dans ses apparte-
ments et se couche. Le sénéchal en est peiné, ne sachant
pas la nature du mal qui provoque les frissons du roi et
que c'est sa femme qui en est la cause directe.

Pour trouver plaisir et réconfort, Équitan fait venir celle-
ci pour lui parler et lui découvre son cœur, lui faisant
savoir qu'il se meurt à cause d'elle. Elle pouvait lui
apporter une complète guérison ou bien lui donner la
mort. « Sire, dit la dame, il me faut du temps pour vous
répondre ; c'est la première fois que vous me parlez et je

n'ai pu réfléchir. Vous êtes un roi de grande noblesse et je ne suis pas d'un rang tel que vous deviez décider de me prendre comme amante et de m'aimer. Si vous aviez réalisé vos désirs, je sais fort bien, sans le moindre doute, que vous m'auriez vite abandonnée. J'en serais profondément atteinte, car s'il était arrivé que, par amour, j'eusse cédé à votre demande, je ne serais pas à égalité avec vous, dans notre liaison. Comme vous êtes un roi puissant, et que mon seigneur est un de vos vassaux, vous croiriez, à mon sens, être en droit de dominer en amour. Or, l'amour n'a de valeur que s'il y a égalité. Mieux vaut un homme pauvre et fidèle, à condition qu'il ait du bon sens et soit valeureux ; son amour procure une plus grande joie que celui d'un prince ou d'un roi qui serait sans fidélité. Qui aime à un rang supérieur à celui qui convient au sien vit constamment dans la crainte. L'homme puissant a la certitude, lui, que personne ne lui enlèvera son amie, qu'il veut aimer en maître. »

Alors, Équitan lui répond : « Je vous en prie, madame, n'en dites pas davantage ! Ce ne sont pas de vrais amants courtois, mais ils se conduisent en bourgeois qui marchandent, ceux qui, étant riches et possédant un grand fief, font la cour à une dame de mauvaise vie. Mais il n'y a dame au monde, étant sage, courtoise et d'un cœur noble, considérant l'amour comme digne de respect, et n'étant pas inconstante, qui, n'eût-elle que son manteau, ne mérite qu'un prince puissant, possédant château, se mette en peine pour elle, l'aime d'un amour fidèle et profond. Quant à ceux qui sont inconstants en amour et se permettent de tricher, ceux-là sont trompés à leur tour et deviennent un objet de moquerie. Nous en connaissons beaucoup d'exemples. Il n'est pas étonnant qu'il perde son amour, celui qui, par ses actes, le mérite. Dame très chère, je me donne à vous ; ne me tenez pas pour votre roi, mais pour votre vassal et votre amant ! En toute sincérité, je vous le déclare et vous le jure, j'agirai selon votre bon plaisir. Ne me laissez pas mourir d'amour pour vous ! Soyez ma dame et je serai votre serviteur ! Soyez remplie d'orgueil et je serai votre suppliant. » Le roi lui a parlé si abondamment et lui a tellement demandé grâce qu'elle lui promet son amour et lui accorde ses faveurs. Ils prennent possession l'un de l'autre, en échangeant leurs anneaux, et engagent leur foi. Ils n'y manquèrent pas et s'aimèrent intensément, mais leur amour causa leur mort.

Leur liaison dura longtemps sans que personne fût au courant. Quand venait le moment de leurs rendez-vous et de leurs entretiens, le roi faisait dire à ses gens qu'il allait se faire saigner en privé. On fermait alors les portes des chambres et personne n'aurait eu l'audace, à moins d'être mandé par le roi, d'y jamais pénétrer. Le sénéchal, lui, présidait la cour, entendait procès et plaintes.

Le roi aima la dame très longtemps, car il ne désirait aucune autre femme. Il ne voulait pas se marier et n'avait cure d'en entendre parler. Ses gens le blâmaient âprement si bien que le bruit en parvint, de façon répétée, à la femme du sénéchal, qui en eut beaucoup de peine et se mit à craindre de perdre son amant. Un jour qu'elle pouvait s'entretenir avec lui, au lieu de lui exprimer sa joie, de lui donner des baisers, de l'enlacer, de le caresser et d'avoir du plaisir avec lui, elle se mit à pleurer chau-

dement, exprimant sa grande douleur. Le roi lui demanda
la cause de ses pleurs et ce qu'ils signifiaient. La dame lui
répondit alors : « Sire, je pleure sur notre amour, qui me
cause une grande souffrance. Vous vous marierez, épou-
serez une fille de roi et vous vous séparerez de moi ; j'en
ai souvent entendu parler et je sais que cela arrivera. Mais
moi, hélas ! que deviendrai-je ? Je ne puis que mourir à
cause de vous, car je ne connais pas d'autre consolation. »
Avec tout son amour, le roi lui répond : « Belle amie,
n'ayez crainte ! Soyez bien sûre que jamais je ne prendrai
femme et que je ne vous abandonnerai pas pour une autre.
Sachez-le bien et soyez-en convaincue, si votre seigneur
était mort, je vous ferais reine et vous seriez ma dame.
Personne ne m'en ferait démordre. » La dame le remercie
et lui dit toute sa reconnaissance.

Elle ajoute que, s'il lui donne l'assurance de ne pas la
quitter pour une autre, elle sera prompte à faire en sorte
que meure son seigneur. Ce serait facile à entreprendre
pour peu qu'il voulût l'aider. Il lui répond qu'il est
d'accord : désormais, ce qu'elle lui demandera, il fera tout
en son pouvoir pour le lui accorder, que ce soit folie ou
sagesse. « Sire, fait-elle, si vous le voulez bien, venez
chasser dans la forêt du pays où j'habite, et au château de
mon seigneur vous logerez ; faites-vous-y saigner et, le
troisième jour, prenez un bain. Mon seigneur se fera sai-
gner et prendra un bain, en même temps que vous.
Demandez-lui bien, ne négligez pas de le faire, de vous
tenir compagnie ! Je ferai chauffer les bains et apporter
les deux cuves. Son bain sera tellement chaud, et même
bouillant, que n'importe qui serait ébouillanté et mis à
mal avant même de s'y être assis. Quand il sera mort

ébouillanté, faites venir vos hommes et les siens et expliquez-leur comment il est mort subitement dans son bain ! » Le roi lui promet de se conformer en tout à sa volonté.

À peine trois mois plus tard, le roi va chasser sur les terres du sénéchal. Pour se soigner, il se fait saigner, en compagnie de son sénéchal. Le troisième jour, il annonce qu'il prendra un bain, et le sénéchal est tout à fait d'accord pour faire de même. « Vous prendrez votre bain, lui dit-il, en même temps que moi. » Le sénéchal lui répond : « J'y consens. » La dame fait chauffer l'eau et apporter les deux cuves. Devant le lit, suivant son plan, elle place chacune d'elles ; elle fait apporter l'eau bouillante dans laquelle le sénéchal doit s'immerger. Le brave chevalier s'était levé pour aller se délasser dehors. La dame vient parler au roi, qui la fait asseoir près de lui. Sur le lit du seigneur, ils se couchent ; ils s'y divertissent et y prennent leur plaisir. Ils sont étendus là tous les deux, ayant l'œil sur la cuve qui se trouve devant. Ils font surveiller et garder la porte par une servante, qui reçoit l'ordre de rester là.

Mais, impatient, le sénéchal revient plus tôt que prévu. Il frappe à la porte, mais la servante le retient. Alors il frappe avec une telle violence que celle-ci est forcée de lui ouvrir. Il trouve le roi et sa femme qui sont couchés dans les bras l'un de l'autre. Le roi le voit entrer et, pour dissimuler sa honte, il saute à pieds joints dans la cuve ; or, étant complètement nu, il oublie toute prudence et meurt ébouillanté. Le malheur se retourne contre lui, le sénéchal, de son côté, étant sain et sauf. Celui-ci a bien vu ce qui est arrivé au roi. Il saisit alors sa femme sans plus

tarder et la plonge dans le bain, tête première. Ainsi
meurent-ils tous les deux, le roi d'abord et elle avec lui.

Celui qui s'appliquerait à bien comprendre le sens de ce
récit pourrait en tirer la leçon suivante : tel qui recherche
le malheur d'autrui le voit plutôt retomber sur lui. Tout se
passa comme je vous l'ai rapporté, et les Bretons firent de
cette histoire un lai, pour raconter la mort d'Équitan et de
la dame qui l'avait tant aimé.

Frêne

J e vous dirai le lai du *Frêne*, d'après le récit que je
connais.

En Bretagne, il y avait jadis deux chevaliers qui étaient
voisins. Hommes riches et puissants, et preux chevaliers,
ils étaient parents et venaient du même pays. Tous deux
étaient mariés et l'une des deux femmes devint enceinte ;
le terme vint et alors elle eut des jumeaux, ce dont son
mari fut très heureux. Voulant partager sa joie, il fait
annoncer à son bon voisin que sa femme a accouché de
deux fils : voilà le gage d'une plus grande puissance. Il lui
en confiera un à tenir sur les fonts baptismaux et pour
qu'il lui donne son nom. Le seigneur était à table, et voici
qu'arrive le messager ! Devant la table, il s'agenouille, et
livre tout son message ; le seigneur rend grâce à Dieu,
puis lui offre un beau cheval. Mais la femme du chevalier
se met à rire, qui, à table, était assise à ses côtés, car elle
était fausse et orgueilleuse, médisante et envieuse. Devant
toute sa maison, elle tint ces propos insensés : « Que Dieu
me vienne en aide ! je m'étonne : comment ce brave
homme a-t-il pu décider de faire annoncer à mon seigneur

sa propre honte et son déshonneur ? Si sa femme a eu
deux fils, ils en sont déshonorés tous les deux. On sait très
bien de quoi il retourne : jamais ce n'est arrivé et jamais
ce n'arrivera, jamais il n'adviendra qu'en une seule gros-
sesse, une femme accouche de deux enfants, à moins que
deux hommes ne les lui aient faits. » Son mari la regarde,
d'un œil sévère et réprobateur : « Madame, fait-il, taisez-
vous ! Vous avez tort de parler ainsi. La vérité est que
cette dame a fort bonne réputation. »

Mais ceux qui se trouvaient là rapportèrent ces paroles,
qui furent répétées et répandues dans toute la Bretagne, où
la dame se rendit odieuse ; par la suite, en effet, sa vie
devint pénible, car toutes les femmes qui apprirent son
méfait, pauvres ou riches, la prirent en grippe.

Le messager, quant à lui, raconte tout à son seigneur, qui
se désole et ne sait comment réagir ; à la fin il se met à
prendre en haine son honnête femme, l'accable de
soupçons et la persécute de toutes les façons sans qu'elle
le mérite.

Mais celle qui avait médit d'elle, la même année, devient
enceinte et de deux enfants également : sa voisine est
alors bien vengée. Elle les porte jusqu'à terme : ce sont
deux filles et elle en est toute peinée. S'abandonnant à sa
profonde désolation, elle se lamente en elle-même :
« Hélas ! dit-elle, que ferai-je ? Je ne serai jamais plus
estimée ni respectée. Le déshonneur est mon lot, sans nul
doute. Mon mari et ses parents plus jamais n'auront
confiance en moi quand ils apprendront ce qui est arrivé ;
car j'ai prononcé ma propre condamnation, en médisant

de toutes les femmes. N'ai-je pas dit, en effet, que jamais il n'arriva, cela ne s'était jamais vu, qu'une femme eût des jumeaux à moins d'avoir connu deux hommes ? Or, voici que j'ai moi-même deux enfants. À mon sens, rien ne pouvait m'arriver de pire. Celui qui colporte calomnies et mensonges ne sait ce qui l'attend. Il peut s'agir de quelqu'un dont le mérite est supérieur au sien. Pour échapper à la honte, il me faut tuer l'un de mes enfants. Je préfère racheter ma faute devant Dieu plutôt que subir la honte et le déshonneur. »

Les femmes qui se trouvaient alors dans sa chambre la réconfortaient, mais disaient qu'elles n'accepteraient pas cette solution : tuer un être humain n'est pas un jeu. Or, la dame avait une suivante qui était de très bonne famille ; depuis longtemps, elle l'entretenait et l'éduquait, lui prodiguant beaucoup d'amour et d'affection. La jeune fille entend pleurer sa maîtresse, qui douloureusement se plaint et se désole ; elle en est profondément attristée et s'approche d'elle pour la consoler : « Madame, fait-elle, cela ne sert à rien ; cessez de vous affliger et vous vous en trouverez mieux ! Confiez-moi l'un des enfants ! Je vous en déchargerai et vous ne serez pas déshonorée : jamais vous ne le reverrez. Je l'abandonnerai à la porte d'un monastère, où je l'aurai porté tout sain et sauf. Quelque honnête homme le trouvera et, si Dieu le veut, se chargera de l'élever. » La dame est toute joyeuse à ces mots et promet à la jeune fille que, si elle lui rend ce service, elle la récompensera généreusement.

Dans une pièce de toile très fine, elles enveloppent l'enfant noble et le recouvrent d'un tissu de soie à rosaces,

que le seigneur avait rapporté d'un voyage à Constanti-
nople : jamais on n'en avait vu d'aussi beau. Au moyen de
ses lacets, la dame attache, au bras du bébé, un gros
anneau d'une once d'or pur ; dans le chaton, il y avait une
hyacinthe et l'anneau lui-même portait une inscription :
ainsi, quand on trouvera la petite, tous sauront sans nul
doute qu'elle est de bonne famille.

La demoiselle se saisit de l'enfant et, sur ce, quitte la
chambre. À la tombée de la nuit, elle sort de la ville. Elle
prend par un grand chemin qui la conduit dans la forêt,
qu'elle traverse avec l'enfant, ne déviant jamais de sa
route. Au loin, sur sa droite, elle entend des chiens aboyer
et des coqs chanter : elle trouvera sans doute là une ville,
pense-t-elle. Elle se dirige, en toute hâte, du côté d'où
viennent les aboiements. La demoiselle parvient ainsi à
une ville riche et belle, où il y a une abbaye prospère et
bien pourvue. D'après ce que j'en sais, il y avait là des
nonnains que dirigeait une abbesse. La jeune fille voit la
chapelle, les tours, les murs, le clocher. Elle s'approche
rapidement et s'arrête devant la porte, puis elle dépose sur
le sol l'enfant qu'elle portait. En toute humilité, elle
s'agenouille et se met à prier : « Dieu, fait-elle, par ton
saint nom, si c'est là ta volonté, Seigneur, protège cet
enfant de la mort ! » Quand elle a terminé sa prière, elle
regarde derrière elle et voit un gros frêne aux amples
ramures, très épais et branchu. Son tronc présentait quatre
ramifications : on l'avait planté pour donner de l'ombre.
La demoiselle reprend l'enfant dans ses bras, court jus-
qu'au frêne, où, l'ayant déposé, elle l'abandonne après
l'avoir recommandé au vrai Dieu. Elle retourne alors chez
sa maîtresse, à qui elle raconte ce qu'elle a fait.

À l'abbaye, il y avait un portier dont la fonction était d'ouvrir la porte extérieure de la chapelle, par où entraient ceux qui voulaient assister à l'office. Cette nuit-là, il se lève tôt, allume chandelles et lampes, sonne les cloches et ouvre la porte. Il aperçoit les étoffes sur le frêne et croit que quelqu'un les a déposées là après les avoir volées. Cessant toute occupation, aussi vite qu'il peut, il se dirige vers l'arbre, tâte les étoffes et trouve l'enfant. Après avoir rendu grâce à Dieu, il prend l'enfant, sans plus tarder, et retourne à son logis. Il avait une fille qui était veuve ; son mari était mort et elle avait un enfant au berceau, qu'elle allaitait. Le brave homme lui dit de venir : « Levez-vous ! ma fille, fait-il, levez-vous ! Faites du feu et allumez une chandelle ! Je vous apporte un enfant que j'ai trouvé dans le frêne. Donnez-lui de votre lait ! Gardez-le au chaud et donnez-lui son bain ! » Celle-ci obéit à son père, allume le feu et prend l'enfant ; après l'avoir réchauffé, elle le baigne avec soin, puis elle l'allaite. À son bras, elle trouve l'anneau. À la vue du riche et beau tissu de soie, ils comprennent, en toute certitude, que la petite est de haute naissance.

Le lendemain, après l'office, au moment où l'abbesse sort de l'église, le portier s'approche d'elle pour lui dire ce qui est arrivé et comment il a trouvé l'enfant. Celle-ci lui ordonne de le lui apporter, dans l'état même où il l'a trouvé. Le portier se rend chez lui, et porte l'enfant, avec diligence, à la dame pour le lui montrer. L'ayant regardé avec soin, celle-ci décide de le faire élever tout comme s'il s'agissait de sa nièce. Au portier, elle interdit formellement de révéler ce qui s'est passé. L'abbesse la tient elle-même sur les fonts baptismaux et, parce qu'on l'avait trouvé dans le frêne, on lui donne le nom de Frêne et c'est Frêne qu'on l'appelle.

La dame traite la petite fille comme sa nièce, et on la cache, pendant longtemps, l'élevant dans l'enceinte de l'abbaye. Quand elle fut parvenue à l'âge où la Nature fait éclore la beauté, il n'y avait, en Bretagne, demoiselle qui fût aussi belle et aussi courtoise. Elle était noble et avait de belles manières, dans son maintien comme dans ses paroles. Nul ne pouvait la voir sans l'aimer et ressentir pour elle estime et admiration.

À Dol, il y avait un seigneur si bon que jamais il n'y en eut et n'y en aura de meilleur. Voici son nom : dans son pays, on l'appelait Goron. Ayant entendu parler de la jeune fille, il se mit à être amoureux d'elle. Un jour qu'il était allé à un tournoi, au retour, il passa par l'abbaye. Il demande à rencontrer la demoiselle et l'abbesse la lui présente. Il voit qu'elle est très belle et de bonne éducation, sage, courtoise et charmante. S'il ne suscite pas son amour, il se tiendra pour très malheureux. Il est affolé, ne sachant que faire, car, s'il revenait souvent, l'abbesse comprendrait tout ; il ne la reverrait plus jamais. Il a alors une idée : il agrandira le domaine de l'abbaye, en lui faisant don d'une partie de ses terres, ce qui, pour toujours, le mettra en bonne posture, car il compte y descendre avec ses gens et en faire un lieu de séjour et de repos. Pour susciter la bienveillance des religieuses, il leur donne généreusement de son bien, mais il a une autre intention que celle d'expier ses péchés.

Il retourne souvent au couvent et s'entretient avec la demoiselle : ses prières sont si pressantes et ses promesses si soutenues qu'elle cède à ses demandes. Quand il est sûr de son amour, il s'adresse un jour à elle, dans ces termes : « Belle amie, lui dit-il, nous en sommes au point où vous avez fait de moi votre amant. Venez vivre définitivement avec moi ! Vous pouvez imaginer, je pense, que, si votre tante venait à connaître notre situation, cela lui déplairait vivement, et, si chez elle vous deveniez enceinte, sa colère serait grande. Si vous voulez suivre mon conseil, vous viendrez avec moi. Soyez sûre que jamais je ne vous abandonnerai et que je pourvoirai largement à vos besoins. »

La jeune fille, qui l'aime profondément, lui accorde tout ce qu'il veut ; elle part avec lui, et il l'emmène à son château. Elle y emporte son drap de soie et son anneau : ces objets pourront lui être très utiles. L'abbesse les lui avait remis et lui avait révélé dans quelles circonstances on la lui avait un jour apportée. On l'avait couchée entre les branches du frêne et celui qui la lui avait amenée lui avait donné le tissu de soie et l'anneau. C'est tout ce qu'il y avait avec la petite, qu'elle avait élevée comme sa nièce. La jeune fille conservait soigneusement ces objets, gardés dans un coffre, qu'elle fit emporter avec elle, car elle ne voulait pas les laisser là, dans l'oubli. Le chevalier qui l'emmena l'estimait et l'aimait beaucoup, comme tous ses vassaux et ses gens. Il n'y avait personne, petit ou grand, qui ne l'aimât pour la noblesse de son coeur, ne l'estimât et ne l'honorât.

Elle vécut longtemps avec le seigneur, mais il arriva que les vassaux de celui-ci se mirent à le lui reprocher. Ils l'enjoignirent, de façon répétée, d'épouser une femme de la noblesse et de se défaire de la jeune fille. Ils firent valoir qu'ils seraient heureux qu'il ait un fils apte à hériter, après sa mort, de sa terre et de ses biens. Ce serait cause pour eux d'un trop grand préjudice s'il renonçait, pour l'amour de sa concubine, à prendre une épouse qui lui donnerait un enfant. Jamais plus ils ne le tiendraient pour leur seigneur et ne le serviraient de bonne grâce s'il ne répondait pas à leurs attentes. Le chevalier leur promet alors de prendre une femme de leur choix : qu'ils décident, dès lors, de qui il s'agira ! « Sire, font-ils, tout près d'ici, il y a un homme de bien qui est l'un de vos pairs. Il a une fille, qui est son héritière. En l'épousant, vous pourriez avoir de vastes terres. La demoiselle se nomme Coudrier et, dans notre pays, aucune autre n'est aussi belle. En échange du frêne que vous abandonnerez, vous obtiendrez le coudrier ; or, le coudrier donne des noisettes exquises tandis que le frêne ne porte aucun fruit. Nous obtiendrons l'assentiment de la jeune fille, si Dieu le veut, et nous vous la donnerons en mariage. » Ils ont fait la demande en mariage et obtenu tous les assentiments.

Mais hélas ! par quelle mauvaise fortune, ces hommes dévoués n'ont-ils pas connu l'histoire des deux jeunes filles, qui étaient jumelles ! Frêne ignorait cette aventure et que son ami s'était engagé à épouser sa sœur. Quand elle apprend le mariage, elle ne donne aucun signe de mauvaise humeur ; elle continue à servir son seigneur avec une grande bienveillance et à honorer toute sa maison. Les chevaliers de la suite du seigneur, les jeunes nobles et les domestiques ressentent un très grand chagrin à la pensée qu'ils la perdront.

Pour le jour qu'on a fixé pour les noces, le seigneur invite ses amis ; l'archevêque est aussi présent, celui de Dol, son vassal. On amène la fiancée, que sa mère accompagne ; cette dernière craint, pour sa fille, que celle que le seigneur aime tant ne tente de la desservir auprès de lui. Elle l'écartera de la maison, en conseillant à son gendre de la marier à un homme de bien : elle croit se débarrasser d'elle de cette façon.

Les noces furent somptueuses et il y eut de grandes réjouissances. Frêne, elle, se trouvait dans les appartements et, à aucun moment, devant ce qu'elle voyait, elle ne donna signe de tristesse ni même qu'elle était affectée. Elle sert la dame avec bonté et beaucoup de dévouement. Elle remplit ainsi d'admiration ceux et celles qui la voient agir. Celle qui était sa mère l'observe attentivement et éprouve, à son endroit, estime et affection. Elle se dit que si elle avait su que la jeune fille était de cette qualité, elle ne lui aurait certes pas fait perdre son seigneur, en lui enlevant celui-ci pour avantager sa fille. Le soir, Frêne est allée préparer le lit où l'épouse doit coucher. Ayant enlevé son manteau, elle appelle les chambellans et leur enseigne la manière de faire le lit comme son seigneur le voulait, ce que, maintes fois, elle avait remarqué. Ayant préparé le lit, ils y disposent un couvre-pieds fait d'une étoffe de soie défraîchie. La demoiselle le remarque et cela ne lui semble pas convenir ; au fond d'elle-même, elle est contrariée. Elle ouvre alors un coffre et en sort sa pièce de soie, qu'elle étend sur le lit de son seigneur. Elle voulait ainsi honorer celui-ci, car l'archevêque était venu pour les bénir d'un signe de la croix, comme il appartenait à son ministère.

Quand tous ces gens ont quitté la chambre, la dame y amène sa fille. Elle veut la mettre au lit et lui dit de se déshabiller. Elle aperçoit alors la pièce de soie sur le lit : elle n'en a jamais vu de si belle, en dehors de celle qu'elle a fournie pour couvrir la fille qu'elle a fait cacher. Se souvenant alors de celle-ci, elle frémit de tout son être. Elle appelle le chambellan : « Dis-moi, lui dit-elle, en toute bonne foi, où l'on a trouvé cette belle pièce de soie ! » « Ma dame, je vais vous le dire, répond-il : c'est la demoiselle qui l'a apportée et l'a étendue sur le couvre-lit, qui ne lui paraissait pas assez beau. Je crois bien que la pièce lui appartient. »

La dame l'ayant fait appeler, la jeune fille se présente à elle et enlève son manteau. Sa mère lui adresse la parole en ces termes : « Belle amie, ne me cachez rien et dites-moi où vous avez trouvé cette belle soie ! D'où vous vient-elle ? Qui vous l'a donnée ? Dites-moi, sans réserve, qui vous l'a procurée ! » La jeune fille lui répond : « Madame, c'est ma tante l'abbesse, qui m'a élevée ; elle m'a recommandé de la garder ; cette étoffe et un anneau m'ont été remis par ceux qui lui avaient confié mon éducation. — Puis-je, ma belle, voir cet anneau ? — Mais oui, madame, très volontiers ! » Elle apporte alors l'anneau à la dame qui, après l'avoir examiné, le reconnaît sans aucun doute comme le tissu de soie qu'elle a vu. En toute certitude, elle est persuadée qu'il s'agit bel et bien de sa fille. Devant tout le monde, elle s'écrie ouvertement : « Tu es ma fille, belle amie ! » Sous le coup de l'émotion, elle tombe à la renverse, évanouie.

Quand elle revient à elle, elle envoie vite chercher son mari, qui arrive tout effrayé. À son entrée dans la chambre, la dame tombe à ses pieds, qu'elle étreint étroitement. Elle lui demande pardon de sa faute. Mais, lui, ne sait rien de l'affaire. « Madame, fait-il, que dites-vous là ? Il n'y a rien de mal entre nous ! Que tout ce que vous voulez vous soit pardonné ! Dites-moi seulement ce que vous désirez ! — Seigneur, puisque vous m'avez pardonnée, je vous dirai tout, mais écoutez-moi ! Jadis, agissant avec grande bassesse, j'ai tenu des propos insensés sur ma voisine. Médisant au sujet de ses jumeaux, c'est contre moi-même que j'ai mal agi. La vérité est que je devins enceinte à mon tour. J'eus deux filles et je cachai l'une d'elles, la faisant abandonner dans un couvent. Avec elle, j'ai fait porter notre pièce de soie et l'anneau que vous m'avez donné lors de notre premier entretien. Je ne peux vous le cacher : j'ai retrouvé le tissu et l'anneau et j'ai reconnu ici notre fille, que, par ma propre bêtise, j'avais perdue. Il s'agit de la demoiselle si vertueuse, si sage et si belle qu'aimait le chevalier qui a épousé sa sœur. » Le seigneur lui répond : « De vos propos, je me réjouis. Je n'ai jamais été aussi heureux puisque nous avons retrouvé notre fille. Dieu nous a accordé une grande faveur, en ne permettant pas que votre faute fût double. Ma fille, fait-il, approchez ! » Frêne se réjouit fort de l'aventure qu'on lui raconte.

Sans plus tarder, son père va lui-même chercher son gendre et fait venir l'archevêque, leur racontant ce qui était arrivé. Le chevalier, quand il apprend cela, ressent la plus grande joie de sa vie. L'archevêque leur conseille, quant à lui, que, pour la nuit, on en reste là ; le lendemain, il annulera le premier mariage et unira le chevalier à la jeune fille. C'est ce qui fut fait d'un commun accord. Le lendemain, on annule le premier mariage, puis le chevalier épouse son amie. Elle lui est accordée par son père, qui éprouve pour elle une grande tendresse et lui donne en héritage la moitié de ses biens. Le père et la mère assistent aux noces, en compagnie de leur fille, comme il se doit. Quand ils retournent dans leur domaine, ils emmènent Coudrier, leur autre fille, qui, plus tard, fit un très beau mariage dans le pays.

Lorsqu'on apprit cette aventure et tout ce qui s'était passé, on composa le lai du *Frêne,* ainsi appelé du nom de la dame.

Bisclavret

Puisque je m'occupe d'écrire des lais, je ne veux pas oublier *Bisclavret*. Bisclavret est le nom breton, mais les Normands disent *Garwaf*.

Jadis, on pouvait entendre raconter, et cela arrivait souvent, que de nombreux hommes se transformaient en loups-garous et habitaient dans les bois. Un loup-garou, c'est une bête sauvage ; tant qu'il est pris de cette rage, il dévore des hommes et cause de grands maux. Il habite et sillonne de vastes forêts. Mais laissons cela : je veux plutôt vous raconter l'histoire du Bisclavret.

En Bretagne, il y avait un baron sur qui j'ai entendu dire des choses merveilleuses. C'était un chevalier beau et bon, qui se comportait avec noblesse. Il était l'intime de son seigneur et tous ses voisins l'aimaient. Il avait une épouse de qualité et qui avait très belle prestance. Ils s'aimaient l'un l'autre, mais il y avait quelque chose de troublant pour la dame : durant la semaine, elle perdait son mari, trois jours entiers, sans savoir ce qu'il devenait, ni où il allait, et aucun de ses proches n'en savait rien.

Un jour qu'il était revenu à la maison, joyeux et content, elle entreprit de l'interroger : « Seigneur, lui dit-elle, mon doux ami, j'aimerais beaucoup vous demander quelque chose, si j'osais, mais je crains beaucoup votre colère ; c'est même la chose que je redoute le plus. » À ces mots, il la prend dans ses bras, la presse contre lui et lui donne un baiser. « Madame, fait-il alors, posez-moi votre question ! Quelle que soit la chose que vous vouliez savoir, si je connais la réponse, je vous la donnerai. — Ma foi, dit-elle, vous me réconfortez. Seigneur, j'éprouve une telle angoisse, les jours où vous me quittez, je ressens une si grande douleur, dans mon cœur, et une telle crainte de vous perdre que, si on ne me rassure promptement, il se peut que j'en meure bientôt. Alors, dites-moi où vous allez, où vous vous retirez, comment vous vivez ! J'ai l'idée que vous êtes amoureux et que, de cette façon, vous commettez une faute. — Madame, fait-il, Dieu me garde ! car il m'arrivera malheur si je vous le dis : je vous déposséderai ainsi de votre amour pour moi, et cela causera ma perte. »

Ayant entendu ces paroles, la dame les prend tout à fait au sérieux : elle l'interroge à plusieurs reprises, lui dispensant caresses et flatteries à un point tel qu'il lui raconte ce qui lui arrive, sans rien lui cacher. « Madame, lui dit-il, je deviens loup-garou. Je m'installe dans la grande forêt là-bas, au plus épais des bois, où je vis de proies et de rapines. » Quand il lui a tout raconté, elle lui demande s'il enlève ses vêtements ou s'il va tout habillé. « Madame, fait-il, je vais tout nu. — Dites-moi, au nom de Dieu, où mettez-vous vos vêtements ? — Madame, cela, je ne vous le dirai pas, car, si je perdais ceux-ci, et qu'on s'en rendît

compte, je resterais loup-garou à jamais. Je ne pourrais
être secouru qu'ils ne me fussent rendus. C'est pourquoi
je ne veux pas que l'on sache. — Seigneur, répond la
dame, je vous aime plus que tout au monde. Vous ne
devez rien me cacher ni craindre quoi que ce soit de ma
part : ce ne serait pas là une preuve d'amour. Quel mal ai-
je fait ? Pour quelle faute avez-vous peur de quoi que ce
soit venant de moi ? Révélez-moi votre secret et vous
agirez bien ainsi ! »

Elle le tourmente et l'entreprend de telle façon qu'il ne
peut que le lui dire. « Madame, fait-il, en bordure du bois
près du chemin que j'emprunte, se trouve une vieille
chapelle qui, d'ordinaire, m'est très utile : il y a là, sous
un buisson, une grosse pierre creuse. C'est dans ce lieu,
sous le buisson, que je dépose mes vêtements jusqu'à ce
que je revienne à la maison. » Quand elle apprend cette
chose étrange, la dame devient rouge de peur, troublée
qu'elle est par cette affaire. À plusieurs reprises, elle se
demande comment elle pourrait se séparer de son mari, ne
voulant plus coucher à ses côtés.

Or, il y avait un chevalier, dans le pays, qui l'aimait
depuis longtemps, qui l'avait souvent priée et requise
d'amour et qui l'avait servie avec constance, mais elle ne
l'avait jamais aimé ni ne lui avait donné quelque assu-
rance. Elle le mande, par son messager, et lui ouvre son
cœur : « Mon ami, fait-elle, réjouissez-vous ! Ce qui vous
tourmente, je vous l'accorde sans plus attendre ; je ne m'y
opposerai plus désormais. Je vous accorde mon amour et
mon corps ; faites de moi votre amie ! » Le chevalier la
remercie vivement, puis il reçoit sa foi et lui engage la

sienne. Alors, elle lui raconte comment son mari s'en va et ce qu'il devient ; elle lui indique le chemin qu'il prend pour se rendre dans la forêt, et l'envoie chercher les vêtements.

C'est ainsi que Bisclavret fut trahi et que sa femme causa sa perte. Mais, comme il disparaissait souvent, tout le monde était d'accord pour penser qu'il était alors parti pour de bon. On fit de nombreuses recherches et enquêtes, mais on ne put rien trouver, si bien qu'on dut abandonner. Alors, le chevalier épousa la dame qu'il aimait depuis longtemps.

Un an passe jusqu'au jour où le roi va chasser. Il se rend tout droit à la forêt où se trouve le loup-garou. Une fois lâchés, les chiens rencontrent le Bisclavret ; ils le pourchassent toute la journée, chiens et veneurs, et il s'en faut de peu qu'ils ne le capturent, l'écorchent et le mettent à mal. Mais, dès qu'il repère le roi, il se met à courir vers lui, pour demander sa pitié. Le saisissant par l'étrier, il lui baise la jambe et le pied. À sa vue, le roi est très inquiet et il appelle tous ses compagnons : « Mes seigneurs, dit-il, approchez ! Regardez ce prodige et comment cette bête s'incline avec humilité ! Se comportant comme un homme, elle implore ma grâce. Écartez-moi tous ces chiens et veillez à ce que personne ne la frappe ! Cette bête est douée d'intelligence et de raison. Faites vite ! Allons-nous-en ! À cette bête, j'accorderai ma trêve, car je ne chasserai plus aujourd'hui. »

Sur ce, le roi s'en retourne et le Bisclavret le suit : il se tient tout près, ne voulant se séparer de lui et refusant de s'éloigner. Le roi l'emmène dans son château ; il en est très heureux et cela lui plaît, car jamais il n'a rien vu de semblable. Il s'agit pour lui d'un être extraordinaire, auquel il accorde les plus grands soins. À tous ses gens, il recommande que, par amour pour lui, ils en prennent soin, ne lui faisant subir aucun tort, et qu'aucun d'entre eux ne le frappe ; on veillera à bien lui donner à boire et à manger. Les chevaliers s'occupent de lui de bonne grâce. Tous les jours, parmi ceux-ci et près du roi, il va se coucher. Il n'y a personne qui ne l'aime, tant il est bon et doux, ne voulant faire de mal à quiconque. Quel que soit l'endroit où le roi doive se rendre, il refuse de se séparer de lui ; toujours, il l'accompagne et le roi voit bien l'amitié qu'il a pour lui.

Mais écoutez ce qui arriva ensuite ! Un jour que le roi tenait sa cour et qu'il avait fait venir tous les barons qu'il avait dotés d'un fief pour participer à la fête et rehausser l'éclat de son service, en somptueux apparat s'y est rendu le chevalier qui avait épousé la femme de Bisclavret. Il n'avait pu imaginer qu'il trouverait jamais celui-ci si près de lui. Sitôt qu'il arrive au palais, le Bisclavret l'aperçoit et, d'un bond, s'élance vers lui : il le saisit avec ses crocs et le tire vers lui. Il lui aurait alors fait un très mauvais parti, n'eût été du roi qui l'appela, en le menaçant d'un bâton. À deux reprises, il tenta de mordre le chevalier, ce jour-là. La plupart des assistants sont très étonnés, car jamais il ne s'est comporté de cette façon à la vue de quiconque. Tous s'accordent à dire, dans le palais, qu'il n'agit pas ainsi sans raison : le chevalier lui aura causé un tort, de quelque manière, dont il aura voulu se venger. Pour lors, les choses en restent là jusqu'à ce que la fête se termine et que les barons prennent congé pour retourner chez eux. Quant au chevalier qu'avait attaqué le loup-garou, il est parti, à ma connaissance, parmi les premiers. La haine qu'il soulevait n'est pas étonnante.

Il ne s'écoula guère beaucoup de temps, je pense, d'après ce que je comprends, avant que le roi si sage et si courtois ne se rendît dans la forêt où l'on avait trouvé le Bisclavret, et ce dernier l'accompagnait. Le soir, sur le chemin du retour, il reçoit le gîte dans le pays. Or, la femme du Bisclavret l'apprend ; elle se pare avec élégance et, le lendemain, elle va s'entretenir avec le roi, lui faisant porter un magnifique cadeau.

Mais quand le Bisclavret la voit venir, personne ne peut le retenir : il se précipite vers elle, comme dans un état de rage. Écoutez comment il s'est bien vengé : il lui arrache le nez. Qu'aurait-il pu faire de pire ? De tous les côtés, on le menace et on se préparait à le mettre en pièces quand un homme sage dit au roi : « Sire, écoutez-moi ! Cette bête a vécu à vos côtés, et il n'y a personne parmi nous qui ne la voie depuis longtemps et qui ne soit allé fréquemment près d'elle : or, jamais elle ne toucha à personne ni ne manifesta quelque cruauté, sauf envers la dame que voici. Par cette foi que je vous dois, elle a quelque raison de s'emporter contre la dame et aussi contre le mari. Il s'agit de la femme du chevalier que vous estimiez tant et qui a disparu depuis longtemps sans que nous sachions ce qu'il est devenu. Soumettez donc la dame à la question, pour voir si elle ne vous dirait pas la raison pour laquelle cette bête la hait. Faites-la-lui avouer si elle la connaît. Nous avons déjà vu beaucoup de prodiges qui sont survenus en Bretagne. »

Le roi suit ce conseil : il retient le chevalier et, par ailleurs, fait prendre la dame pour qu'on la soumette à d'atroces tortures. Sous l'action de la torture et de la peur, elle raconte tout ce qui est arrivé à son mari : comment elle l'a trahi et a fait prendre ses vêtements, l'aventure qu'il lui avait dévoilée, ce qu'il devenait et où il allait ; depuis qu'on s'est emparé de ses vêtements, on ne l'a plus revu dans son pays. Elle est persuadée, sans nul doute, que la bête est bien le Bisclavret.

Le roi demande qu'on apporte les vêtements ; que cela plaise ou non à la dame, il les fait chercher et les fait remettre au Bisclavret. Quand on les a déposés devant lui, il n'y prête pas la moindre attention. Alors, le chevalier sage qui l'avait d'abord conseillé s'adresse au roi, dans ces termes : « Sire, vous faites fausse route. En aucun cas, il n'accepterait de remettre ses vêtements devant vous et de quitter son aspect de bête. Vous ne comprenez pas ce que cela veut dire pour lui : la honte qu'il en éprouve lui est très pénible. Faites-le conduire dans vos appartements et qu'on y apporte ses vêtements ; laissons-le là un bon moment ! S'il se change en homme, nous le verrons bien. » Le roi lui-même le conduit alors et ferme toutes les portes de la pièce. Au bout d'un moment, il y retourne, accompagné de deux de ses barons. Ils entrent tous les trois dans la chambre, où, sur le propre lit du roi, ils trouvent le chevalier endormi. Le roi va vite l'embrasser : à plusieurs reprises, il le serre dans ses bras et lui donne des baisers.

Dès que cela lui est possible, il lui fait rendre tout son domaine et lui donne plus de biens que je ne puis dire.

Quant à sa femme, il l'expulse de ses terres et la chasse du pays. Celui-là l'accompagne pour qui elle a trahi son mari. Elle eut beaucoup d'enfants. On les reconnaissait facilement à leur air et à leur visage, car beaucoup des femmes de sa lignée naquirent, c'est bien vrai, sans nez, et vécurent ainsi dans de nombreux cas.

L'aventure que vous venez d'entendre est vraie, n'en doutez pas ! On en fit le lai de *Bisclavret,* pour en garder la mémoire à jamais.

Lanval

Je vais vous raconter une aventure que l'on trouve dans un autre lai. Il est question d'un très noble chevalier qui se nomme Lanval en breton.

À Carlisle séjournait le roi Arthur, le preux et le courtois, à cause des Scots et des Pictes, qui ravageaient le pays ; ils pénétraient dans la terre de Logres et, bien souvent, la dévastaient. À la Pentecôte à la belle saison, le roi s'y était donc arrêté ; il offre de nombreux cadeaux somptueux aux comtes et aux barons. Aux chevaliers de la Table ronde — qui n'ont pas leurs égaux dans le monde entier —, il distribue femmes et terres. Sauf à un seul, qui l'avait pourtant bien servi : c'est Lanval qu'il oublia. Et personne de ceux qui entouraient le roi ne lui fut de quelque secours. À cause de sa valeur, de sa générosité, de sa beauté et de sa prouesse, la plupart l'enviaient. Tel qui lui avait donné des marques d'amitié, en cas de malheur ne lui aurait pas manifesté la moindre compassion. Il était pourtant fils de roi et de noble lignée, mais il se trouvait loin de ses domaines héréditaires. Or, il faisait partie de la suite du roi et il avait dépensé tous ses biens, le roi ne lui ayant rien donné, et lui n'ayant rien demandé. Maintenant, il est dans un grand embarras, ce qui le rend très triste et très soucieux. Seigneurs, ne vous en étonnez pas : un étranger privé d'appui est bien malheureux hors de son pays, quand il ne sait où demander de l'aide.

Le chevalier dont je vous parle, qui avait si bien servi le roi, monte un jour sur son destrier pour aller se détendre. Il sort de la ville et arrive, seul, dans un pré ; il met pied à terre, au bord d'une rivière, mais son cheval se met à trembler fortement ; il le dessangle et s'en va, le laissant s'ébattre dans le pré. Il plie le pan de son manteau et s'étend, l'ayant placé sous sa tête. Son dénuement lui cause beaucoup de soucis et rien de ce qu'il voit ne lui est agréable. De l'endroit où il est ainsi allongé, il regarde en bas, du côté de la rivière, et voit venir deux demoiselles : jamais, il n'en avait vu de plus belles. Elles étaient magnifiquement vêtues de tuniques de pourpre sombre, qui moulaient exactement leur corps, et leur visage était d'une très grande beauté. L'aînée portait un bassin d'or pur très finement travaillé ; ne voulant cacher aucun détail, je vous dirai que l'autre portait une serviette. Elles vont tout droit là où le chevalier est étendu. Lanval, qui était de très bonne éducation, se lève pour aller à leur rencontre. Elles commencent par le saluer, puis lui transmettent leur message : « Seigneur Lanval, notre maîtresse, qui est de haute qualité, sage et belle, nous envoie vous chercher ; accompagnez-nous donc ! Nous vous conduirons à elle, en toute sécurité ; voyez, sa tente est toute proche. » Le chevalier les suit, sans s'occuper de son cheval qui, devant lui, paît dans la prairie.

Ainsi, elles le conduisent à la tente, qui était très belle et bien installée. Ni la reine Sémiramis au sommet de sa richesse, de sa puissance et de sa sagesse ni l'empereur Auguste n'auraient pu en acquérir le pan droit. Celui-ci est surmonté d'un aigle d'or, dont je ne puis dire le prix, pas plus que celui des câbles et des piquets qui soutiennent les pans : en ce monde, il n'y a aucun roi qui aurait pu se les procurer quel que fût le prix qu'il offrît. À l'intérieur de cette tente, se trouve la jeune fille ; la fleur de lys et la rose nouvelle qui éclôt au printemps, elle les surpasse en beauté. Elle est étendue sur un lit magnifique, dont les draps valent le prix d'un château, ne portant qu'une chemise. Elle est bien faite et gracieuse. Pour avoir chaud, elle a jeté sur elle un riche manteau de pourpre d'Alexandrie, dont l'intérieur est d'hermine blanche. Mais tout son flanc est découvert, de même que son visage, son cou et sa poitrine ; sa peau est plus blanche que l'aubépine.

Le chevalier s'avance pour se placer devant le lit, et la jeune fille lui adresse alors la parole : « Lanval, fait-elle, mon bel ami, c'est pour vous que je suis sortie de mon domaine : de loin, je suis venue vous chercher. Si vous êtes bien preux et courtois, jamais empereur, comte ou roi n'auront goûté une telle joie, un tel bonheur, car je vous aime plus que tout au monde. » Il la regarde et la trouve belle. Alors, Amour le transperce d'une étincelle qui enflamme et embrase son cœur. Il lui répond, avec grâce : « Belle dame, si la joie m'était donnée qu'il vous plût de m'aimer, vous ne sauriez rien me commander que je n'accomplisse de toutes mes forces, que ce soit compté comme sagesse ou folie. Je me soumettrai à vos ordres.

Pour vous, j'abandonnerai tout le monde, car plus jamais je ne veux me séparer de vous. C'est là mon plus grand désir. »

Quand la jeune fille a entendu parler celui qui l'aime tant, elle lui accorde son amour et son être. Voilà Lanval sur le bon chemin ! Puis, elle lui fait un don : désormais, il ne désirera rien qu'il ne le reçoive à volonté ; qu'il donne et dépense généreusement, elle lui procurera tout, en quantité. Voilà donc Lanval très bien pourvu : plus il dépensera avec faste et plus il aura d'or et d'argent. « Mon ami, fait-elle, maintenant je vous préviens d'une chose, et c'est à la fois un ordre et une prière : ne dévoilez votre secret à personne ! Et voici le point le plus important : vous seriez privé de ma personne à jamais si notre amour était connu. Jamais plus vous ne pourriez me voir ni posséder mon corps. » Il lui répond qu'il se soumettra fidèlement à ses ordres. À côté d'elle, il s'étend dans le lit. Voilà que Lanval est admirablement logé !

Il demeure avec elle, tout l'après-midi jusqu'au soir, et il serait resté plus longtemps s'il avait pu et si son amie y avait consenti. « Mon ami, fait-elle, levez-vous ! Vous ne pouvez rester ici plus avant. Éloignez-vous, moi je resterai. Mais je vous dirai une chose : quand vous voudrez me parler, vous ne pourrez vous figurer un lieu où l'on puisse rencontrer son amie sans honte ou impudeur que je ne m'y présente pour y satisfaire tous vos désirs ; cependant, personne en dehors de vous ne devra me voir ni m'entendre parler. » Ces paroles le remplissent de joie ; il l'embrasse, puis il se lève.

Les jeunes filles qui l'ont conduit à la tente l'habillent de riches vêtements. Ainsi vêtu de neuf, il n'y a aucun jeune homme au monde qui soit plus beau que lui ; en outre, il n'est ni sot ni rustre. Elles lui présentent l'eau pour se laver les mains et la serviette pour les essuyer. Ensuite, elles apportent à manger pour qu'il dîne avec son amie, et ce n'est pas à refuser. Le service est de grande qualité et Lanval dîne rempli de joie. Le repas s'accompagne d'un divertissement de qualité que le chevalier aime beaucoup, car il s'agit d'embrasser souvent son amie et de l'enlacer étroitement.

Quand ils se sont levés de table, on lui amène son cheval, qui est bien sellé. On le sert admirablement. Il prend alors congé, monte à cheval et se dirige vers la ville. Souvent, Lanval regarde derrière lui, car il est troublé au plus haut point. Il songe à ce qui lui est arrivé, le cœur rempli de doutes. Il est stupéfait, ne sachant que penser : il ne peut croire que son aventure soit réelle.

Revenu à son logis, il trouve ses hommes, richement vêtus. Ce soir-là, il tint bonne table, mais personne ne sut d'où provenaient ses ressources. Il n'y a dans la ville aucun chevalier ayant grand besoin de refaire ses forces qu'il ne l'invite à venir chez lui, où on le sert somptueusement. Lanval offre des cadeaux précieux, Lanval paie les cautions des prisonniers, Lanval habille les jongleurs, Lanval mène grand train. Aux étrangers comme aux gens du pays, Lanval fait des largesses. Il éprouve beaucoup de joie et de plaisir, car, que ce soit le jour ou la nuit, il peut voir son amie souvent, selon sa volonté.

Je crois que la même année, après la fête de saint Jean, une trentaine de chevaliers étaient allés se divertir dans un jardin, au pied de la tour où habitait la reine. Il y avait, parmi eux, Gauvain et son cousin, le bel Yvain. Voici ce que dit Gauvain, le noble et le preux, lui qui sut se faire tellement aimer de tous : « Par Dieu, nous avons mal agi à l'égard de notre compagnon Lanval, qui est si généreux et si courtois et dont le père est un roi puissant, en ne le prenant pas avec nous. » Alors, retournant sur leurs pas, ils se rendent au logis de Lanval, qu'ils emmènent avec eux grâce à leurs prières. Dans l'embrasure d'une fenêtre, la reine était accoudée et trois dames l'accompagnaient. Elle aperçoit les gens du roi, reconnaît Lanval et l'observe. Puis, s'adressant à l'une de ses dames, elle envoie chercher les demoiselles de sa suite, les plus distinguées et les plus belles : avec elle, les jeunes filles iront se divertir dans le jardin où se trouvent les chevaliers. Elle en choisit plus de trente et elles descendent les escaliers. Les chevaliers vont à leur rencontre ; se réjouissant de les voir, ils les prennent par la main ; cette réunion n'avait rien de grossier. Lanval, lui, se retire à l'écart, loin des autres ; il lui tarde d'être avec son amie, de lui donner des baisers, de la serrer dans ses bras et de l'aimer. Peu lui chaut la joie des autres puisqu'il est lui-même privé de son plaisir.

Quand la reine voit que le chevalier est seul, elle va tout droit à lui ; elle s'assied à ses côtés et, s'adressant à lui, elle lui découvre le fond de son cœur : « Lanval, je vous ai tenu en haute estime et j'ai éprouvé pour vous grande affection et grand amour ; or, vous pouvez avoir tout mon amour. Dites-moi, je vous en presse, votre volonté ! Je

consens à devenir votre amante, ce qui doit vous combler
de joie. — Madame, fait-il, ne troublez pas ma paix ! Je
n'ai pas l'intention de vous aimer. J'ai longtemps servi le
roi et je ne veux pas, envers lui, manquer à ma foi.
Jamais, ni pour vous ni pour votre amour, je ne ferai du
tort à mon seigneur. » La reine se met en colère et,
courroucée, elle tient des propos outranciers : « Lanval,
fait-elle, je suis tout à fait d'avis que vous aimez peu ce
genre de plaisir. On m'a très souvent dit que vous n'avez
pas de goût pour les femmes. Vous avez chez vous des
jeunes gens bien formés et c'est avec eux que vous prenez
votre plaisir. Misérable lâche, pauvre nullité, mon sei-
gneur est bien mal nanti, lui qui supporte votre présence :
je pense bien qu'il perd ainsi son ciel. » Ces paroles
l'ayant profondément blessé, Lanval répond, sans plus
tarder. La colère le pousse à tenir des propos dont il se
repentit souvent, par la suite. « Madame, dit-il, dans ce
genre d'exercice, je n'ai aucune habileté. Mais j'aime, et
suis son amant, une femme qui mérite de l'emporter sur
toutes celles que je connais. En outre, je vous dirai une
chose, et sachez-le bien, sans détour : parmi ses domes-
tiques, la moindre de ses servantes vaut mieux que vous,
madame la reine, pour le corps, le visage, la beauté, les
manières et la bonté. »

La reine se retire aussitôt et va pleurer dans sa chambre,
blessée et furieuse que le chevalier l'ait ainsi humiliée.
Souffrante, elle se met au lit ; elle dit que jamais elle ne
se lèvera que le roi ne lui rende justice quant à la plainte
qu'elle lui fera. Le roi revenait de la forêt et ce jour-là
avait été particulièrement joyeux. Il entre dans la chambre
de la reine et, dès que celle-ci le voit, elle lui fait part de

sa plainte. Elle tombe à ses pieds, lui demande grâce et lui dit que Lanval l'a déshonorée : il lui a demandé de devenir son amante et, devant son refus, il l'a humiliée et outragée ; il s'est vanté d'avoir une amie si distinguée, si noble et fière, que la plus humble de ses femmes de chambre valait mieux que la reine. Le roi se met alors dans une grande colère et fait le serment que, si Lanval ne peut se disculper devant la cour, il le fera brûler ou pendre.

Le roi sort ensuite de la chambre et mande trois barons pour qu'ils aillent chercher Lanval, qui est accablé sous le chagrin et la douleur. Revenu à son logis, celui-ci prend conscience, en toute certitude, qu'il a perdu son amie en révélant leur liaison. Tout seul dans une chambre, il est soucieux et angoissé, appelant son amie de façon répétée, mais sans obtenir de résultat. Il se plaint et soupire, s'évanouissant à plusieurs reprises. Puis, il lui crie cent fois grâce, la suppliant de répondre à son ami. Il maudit son cœur et sa bouche et c'est étonnant qu'il ne se donne pas la mort. Il a beau crier et hurler, se démener et se torturer, elle refuse d'avoir pitié de lui et ne lui permet même pas de la voir. Hélas ! que doit-il faire ? Les envoyés du roi se présentent et lui disent de se rendre à la cour, sans délai : c'est le roi qui le mande, car la reine l'a accusé. Lanval s'y rend en grande détresse ; n'eût été que de lui, il se serait fait tuer par ses compagnons.

Il se présente au roi, pensif et taciturne, ne disant mot, et manifestement accablé par une grande douleur. Avec colère, le roi lui dit : « Vassal, vous vous êtes très mal comporté à mon égard ; vous avez engagé une bien

vilaine affaire, en cherchant à me déshonorer, à m'outra-
ger et à injurier la reine. Vous vous êtes vanté à outrance,
car elle est d'une noblesse extrême, votre amie, si sa
servante est plus belle et plus honorable que la reine. »
Lanval se défend d'avoir causé le déshonneur et la honte
de son seigneur, reprenant les mots mêmes de celui-ci, car
il n'a pas prié la reine de lui accorder son amour. Mais,
quant à ce qu'il a vraiment dit, il reconnaît la vérité de
l'amour dont il s'est vanté ; ce qu'il regrette, car main-
tenant il a perdu celui-ci. À ce sujet, il ajoute qu'il se
conformera à toutes les décisions de la cour.

Furieux contre lui, le roi convoque tous ses vassaux pour
qu'ils lui disent, sans détour, ce qu'il doit faire, de sorte
qu'on n'ait rien à lui reprocher. Obéissant à ses ordres,
que cela leur plaise ou non, les vassaux se rendent tous
auprès du roi ; rendant leur jugement, ils décident d'ac-
corder à Lanval un délai d'ajournement, à condition qu'il
donne à son seigneur des garanties qu'il ne se dérobera
pas à sa sentence et qu'il reviendra quand celui-ci le
voudra ; ainsi la cour sera renforcée, car, pour l'instant,
seule la maison du roi est présente.

Puis, les barons retournent auprès du roi et lui indiquent
comment procéder. Le roi demande alors des cautions,
mais Lanval est seul et dépourvu, n'ayant auprès de lui ni
parent ni ami. Alors, Gauvain se présente et lui sert de
garant, suivi de tous ses compagnons. Le roi leur dit :
« J'accepte que chacun donne en garantie tout ce qu'il
tient de moi, terres et fiefs. » Quand l'engagement est
pris, on en reste là, et Lanval se retire dans son logis, où
les chevaliers l'accompagnent ; ils le blâment vertement

et lui conseillent de ne pas se livrer à une telle douleur, maudissant un amour aussi déraisonnable. Chaque jour, ils vont le voir, car ils veulent être sûrs qu'il boit et mange, craignant fortement qu'il ne se rende malade.

Au jour fixé par eux, les barons se rassemblent. Le roi et la reine sont présents et les garants remettent Lanval à l'assemblée. Tous se désolent pour lui, et je pense qu'il y en a une centaine, parmi eux, qui auraient fait tout ce qu'ils pouvaient pour qu'il soit mis en liberté, sans procès, car il est accusé très injustement. Le roi demande la relation des faits, d'après l'accusation et d'après la défense ; tout repose maintenant sur les barons ; ils se sont rendus au jugement, soucieux et troublés à cause de ce noble étranger, qui se trouve au milieu d'eux en si mauvaise posture. La plupart veulent le charger, répondant au désir de leur seigneur. Mais voici ce que dit le comte de Cornouailles : « Jamais, pour ce qui est de nous, une injustice ne sera commise, car, que l'on soit d'accord ou pas, c'est le droit qui doit prévaloir. Le roi a porté plainte contre son vassal, que je vous ai entendu nommer Lanval ; il l'a accusé de félonie et l'a inculpé d'avoir commis une faute en se vantant d'un amour, ce qui a causé la colère de la reine. Seul le roi l'accuse, et, par la foi que je vous dois, pour qui veut dire toute la vérité, il n'aurait jamais dû avoir le droit de porter plainte si ce n'était qu'à son seigneur un vassal doit toujours faire honneur. Lanval s'engagera par serment et le roi nous confiera l'affaire. Si Lanval peut produire son garant, faire que son amie se présente devant nous, et si ce qu'il a dit et dont la reine prend ombrage est bien vrai, il recevra son pardon puisque ses paroles n'auront pas été dictées par le mépris. Mais, s'il ne peut produire son garant, voici ce que nous devons lui faire savoir : il n'est plus digne de servir le roi, qui doit le bannir. »

Ils envoient des messagers au chevalier, qui lui intiment l'ordre de faire venir son amie pour qu'elle soutienne sa cause et lui serve de garant. Lanval leur répond que cela lui est impossible, car, jamais, il n'obtiendra qu'elle le secoure. Les messagers retournent auprès des juges pour leur dire qu'il n'y a aucune aide à attendre pour Lanval. Alors, le roi les presse ardemment de rendre leur jugement à cause de l'impatience de la reine.

Mais, au moment où ils doivent trancher, voici qu'ils voient venir deux jeunes filles montant deux beaux palefrois qui vont l'amble ; elles sont d'une très grande élégance, vêtues d'une tunique de taffetas pourpre posée sur leur chair nue. Tous les regardent avec concupiscence. Gauvain, accompagné de trois chevaliers, se rend auprès de Lanval, lui raconte la scène et lui montre les deux jeunes filles. Il est très heureux et le prie instamment de lui dire s'il s'agit de son amie. Mais Lanval répond qu'il ignore qui elles sont, d'où elles viennent et où elles vont.

Les jeunes filles avancent, toujours à cheval, et, sans changer d'attitude, elles mettent pied à terre devant la table, là où se trouve le roi Arthur. Elles sont d'une grande beauté et, courtoises, elles s'adressent à celui-ci : « Roi, fais préparer tes appartements avec des tentures de soie pour que notre maîtresse puisse y descendre, car elle désire loger chez vous. » Le roi accepte avec empressement ; il appelle deux chevaliers, qui les conduisent dans les appartements, sans qu'elles disent un mot de plus.

Le roi demande alors à ses barons de lui communiquer le jugement et les attendus, disant qu'il est très mécontent qu'ils aient tellement tardé. « Sire, font-ils, nous nous sommes séparés à cause de ces dames que nous avons vues, n'ayant pris aucune décision. Maintenant, nous poursuivrons le débat. » Ils se réunissent alors, tout soucieux, élevant la voix et se querellant.

Ils étaient encore dans cet état d'agitation lorsque deux jeunes filles en bel équipage, vêtues de soie toute fraîche et montant deux mules espagnoles, descendent la rue sous leurs yeux. Remplis de joie, les vassaux se disent entre eux qu'il est maintenant sauvé, Lanval, le preux, le courageux. Yvain se rend auprès de lui, avec ses compagnons. « Seigneur, fait-il, réjouissez-vous ! et pour l'amour de Dieu, répondez-nous ! Voici venir deux demoiselles, très avenantes et très belles : l'une d'entre elles est bien votre amie, n'est-ce pas ? Lanval répond, sans tarder, qu'il ne les reconnaît pas, qu'il ne les a jamais vues et qu'il n'en aime aucune.

Entre-temps les jeunes filles, étant arrivées, descendent de cheval devant le roi. La plupart leur font des compliments sur leur corps, leur visage et leur teint : chacune d'entre elles l'emporte en beauté sur la reine. L'aînée, courtoise et sage, délivre son message avec grâce : « Roi, fais-nous donner un appartement pour que ma maîtresse puisse y loger, car elle vient ici pour s'entretenir avec toi. » Le roi ordonne qu'on les amène où sont celles qui sont venues précédemment. Quant à leurs mules, elles ne s'en occupent plus.

Lorsqu'il en a fini avec leur affaire, le roi commande à tous ses barons de rendre leur jugement : on l'a trop différé, pendant la journée, et la reine en est contrariée au point qu'elle ne mange pas depuis très longtemps.

Ils allaient trancher la question quand arrive dans la ville une jeune fille à cheval. Jamais, dans le monde, il n'y en eut de plus belle. Elle chevauche un palefroi blanc, qui la porte sans bruit et avec douceur et dont l'encolure et la tête sont parfaites ; il n'y a pas, sous les cieux, de plus noble bête. Il est richement harnaché, et aucun comte ni aucun roi au monde ne pourraient se l'offrir sans vendre leurs terres ou les mettre en gage. La jeune fille, elle, est vêtue d'une chemise blanche et d'une tunique qui laissent voir ses flancs, étant lacées des deux côtés. Elle a le corps bien fait, la hanche basse, et le cou plus blanc que neige sur branche. Ses yeux sont lumineux et son visage, blanc ; elle a une belle bouche, un nez bien fait, des sourcils bruns, un beau front, et des cheveux bouclés et très blonds. Un fil d'or ne brille pas autant que ses cheveux à la lumière du jour. De son manteau de pourpre foncée, elle a fixé les pans autour de sa taille. Elle porte un épervier au poing et un lévrier la suit. Il n'y a personne dans le bourg, petits ou grands, vieillards ou enfants, qui ne vienne l'admirer dès qu'on la voit passer. Sa beauté n'est pas un objet de plaisanterie. Elle avance rapidement et les juges qui la voient tiennent ce spectacle pour un prodige : tous ceux qui la regardent brûlent d'une joie profonde. Les amis de Lanval viennent à lui et lui parlent de la jeune fille qui vient et qui, si Dieu le veut, pourrait le faire libérer. « Seigneur compagnon, celle qui vient n'est ni rousse ni brune. C'est la plus belle femme du monde, la plus belle de toutes celles qui y vivent. » À ces mots, Lanval dresse la tête, la reconnaît sans hésitation et soupire ; le sang lui monte au visage et il se met à parler sans attendre : « Ma foi, fait-il, c'est bel et bien mon amie. Maintenant je me soucie peu qu'on me tue si elle ne m'accorde pas sa grâce, car je suis sauvé puisque je la vois. »

La jeune fille pénètre dans le château, où jamais aussi belle n'entra. Elle descend de cheval devant le roi et tous peuvent très bien la voir. Elle laisse choir son manteau afin qu'on la voie mieux. Le roi, qui a de très bonnes manières, se lève pour l'accueillir et tous les autres lui présentent leurs hommages, s'offrant à la servir. Quand ils l'ont bien regardée et qu'ils ont bien fait l'éloge de sa beauté, voici les propos qu'elle tient, ne voulant pas s'attarder : « Roi, j'ai aimé l'un de tes vassaux ; le voici : c'est Lanval, qu'on a accusé devant ta cour. Je ne veux pas que lui nuisent les paroles qu'il a prononcées, sache-le, car c'est la reine qui a tort : jamais il ne l'a priée de lui accorder son amour. Quant à sa vantardise, si ma personne peut le disculper, alors que vos barons l'acquittent ! » Au jugement que prononceront ces derniers, en conformité avec le droit, le roi accepte de se plier. Or, il n'y en a pas un seul qui ne juge que Lanval est entièrement disculpé : leur décision est de lui rendre sa liberté. Alors, la jeune fille s'en va sans que le roi puisse la retenir ; il y a là beaucoup de gens pour la servir.

À l'extérieur de la salle, on avait disposé un grand perron de marbre gris, où les chevaliers alourdis par leurs armes montaient à cheval lorsqu'ils quittaient la cour du roi. Lanval est monté dessus et, quand la jeune fille franchit la porte sur le palefroi, derrière elle Lanval saute, d'un seul élan.

Avec elle, il s'en va en Avallon, comme nous le racontent les Bretons, une île qui est fort belle. C'est là que fut emmené le jeune homme, et personne n'a plus entendu parler de lui, si bien que je dois interrompre mon conte.

Les deux amants

Il arriva jadis en Normandie une aventure dont on entendit souvent le récit, celle de deux jeunes gens qui s'aimèrent et moururent tous deux de leur amour. Les Bretons en firent un lai qui fut appelé *Les deux amants*.

Et il existe bien en Neustrie, que nous nommons Normandie, une montagne d'une hauteur impressionnante au sommet de laquelle gisent les deux adolescents. Dans le voisinage de cette montagne, y consacrant un soin particulier et toute son attention, un roi fit construire une ville ; comme il était seigneur des Pistrois, la désignant d'après ce nom, il la fit appeler Pitres. Depuis lors, ce nom lui est resté. La ville, avec ses maisons, existe toujours et nous connaissons bien le pays que l'on nomme Val de Pitres.

Le roi dont il s'agit avait une fille, belle demoiselle et très gracieuse. Or, comme il n'avait ni fils ni une autre fille, il l'aimait intensément et la chérissait. De puissants vassaux l'ont demandée en mariage et auraient désiré la prendre pour épouse, mais le roi ne voulait pas la leur accorder, car il ne pouvait accepter de se séparer d'elle. Elle était sa seule consolation, et il restait auprès d'elle nuit et jour. La présence de la jeune fille le consolait depuis que la reine était morte. Beaucoup le lui reprochaient et même son entourage le désapprouvait. Quand il apprit qu'on jasait, il en fut très triste et cela lui déplut.

Il se mit alors à se demander comment il pourrait éviter qu'on demandât sa fille en mariage. Il fait annoncer, autour de lui et dans tout le pays, que celui qui voudrait obtenir sa fille soit bien sûr d'une chose : il est fixé, par le sort et le destin que, jusqu'au sommet de la montagne située hors de la ville, il devra la porter dans ses bras sans faire halte. Quand la nouvelle est connue et qu'elle s'est répandue dans le pays, un grand nombre tentent l'épreuve, mais sans la réussir. Il y en a qui, à force d'efforts, parviennent à la porter jusqu'à mi-pente, mais sans pouvoir aller plus loin : là, il leur faut abandonner. Pendant longtemps, elle reste à marier, car personne ne veut la demander.

Or, dans le pays il y avait un jeune homme, fils de comte, noble et beau. Plus que tout autre, il se souciait de bien se comporter, pour soigner sa réputation. Il fréquentait la cour du roi, où il faisait de nombreux séjours. Il devint amoureux de la fille du roi et souvent lui demanda qu'elle lui accordât son amour et qu'elle devînt son amie. Comme il était preux et courtois et que le roi le tenait en grande estime, elle accepta de devenir son amie, ce dont il la remercia humblement. Ils eurent de fréquents entretiens et s'aimèrent loyalement, faisant tout en leur pouvoir pour se cacher afin que personne ne pût connaître leur amour.

Leur souffrance était très pénible, mais le jeune homme
pensait qu'il valait mieux souffrir cette épreuve que de
tout précipiter et de courir à un échec. Pourtant, son
amour le rendait très malheureux.

Il arriva alors que, s'étant rendu auprès de son amie, le
jeune homme, lui qui était si sage, vaillant et beau,
exprima ses plaintes à celle-ci et la pria, avec insistance,
de partir avec lui ; car il ne pouvait plus supporter ce
tourment. S'il la demande à son père, il sait fort bien que
celui-ci l'aime tellement qu'il ne voudra pas la lui
accorder, à moins qu'il ne puisse la porter dans ses bras
jusqu'au sommet de la montagne. La demoiselle lui
répond : « Mon ami, je sais très bien que vous ne réussi-
riez d'aucune manière, car vous n'êtes pas assez fort.
Mais, si je m'en allais avec vous, mon père en éprouverait
douleur et colère et sa vie ne serait désormais que
déchirement. Or, je l'aime tellement et lui suis tellement
attachée que je ne voudrais pas lui faire de peine. Il faut
donc trouver une autre solution, car je ne veux pas con-
sidérer ce que vous proposez. À Salerne, j'ai une parente ;
c'est une femme puissante et qui a de la fortune. Elle vit
là depuis plus de trente ans, et elle a tant pratiqué l'art
médical qu'elle connaît très bien les remèdes ainsi que les
vertus des plantes et des racines ; si vous voulez vous
rendre auprès d'elle, apportant une lettre de moi, et la
mettre au courant de ce qui vous arrive, elle y apportera
toute son attention : elle vous donnera des électuaires et
des breuvages qui stimuleront votre énergie et vous
rendront plus fort. Lorsque vous reviendrez dans ce pays,
vous demanderez ma main à mon père. Il vous tiendra
pour un enfant et vous dira qu'il est stipulé qu'il ne me

donnera à aucun homme, quelque insistance qu'il y mette, à moins qu'il ne me porte, en haut de la montagne, dans ses bras et sans s'arrêter ; acceptez volontiers, car il ne peut en être autrement ! »

Ayant entendu ces propos et considéré le plan de la jeune fille, le jeune homme est rempli de joie et remercie celle-ci, puis il lui demande congé. Il se rend alors dans son pays, où il se munit en vitesse de riches vêtements, d'argent, de palefrois et de chevaux de somme ; parmi ses hommes, il choisit les intimes pour les emmener avec lui, et va faire un séjour à Salerne afin de s'entretenir avec la tante de son amie. De la part de celle-ci, il lui remet une lettre et quand elle l'a lue entièrement, elle retient le jeune homme auprès d'elle jusqu'à ce qu'elle sache tout sur lui, et, au moyen de médicaments, elle le fortifie. Puis elle lui donne un philtre : il ne sera jamais si fatigué, si exténué et son fardeau ne sera jamais si lourd que cette potion ne rende la vigueur à tout son corps, atteignant même ses veines et ses os ; il recouvrera toute son énergie aussitôt qu'il l'aura bue. Il verse le philtre dans une bouteille et l'emporte dans son pays.

Le jeune homme, joyeux et content, quand il fut de retour, ne resta pas longtemps dans ses terres ; il se rend auprès du roi pour lui demander la main de sa fille : il la prendra dans ses bras pour la porter jusqu'au sommet de la montagne. Le roi ne l'éconduit pas, mais il le tient pour tout à fait fou, étant bien jeune : tant de chevaliers vaillants et sages ont tenté cette épreuve sans pouvoir en venir à bout. Néanmoins, il lui fixe une date. Il mande alors ses vassaux, ses amis et tous ceux dont il peut disposer, sans en omettre aucun. Pour voir sa fille et le jeune homme qui ose entreprendre de porter celle-ci jusqu'au sommet de la montagne, ils viennent de toute part. La demoiselle, de son côté, se prépare en se privant et en jeûnant beaucoup de façon à maigrir pour se rendre plus légère, car elle veut aider son ami.

Au jour fixé tous sont présents, mais le jeune homme les a précédés, n'ayant pas oublié son philtre. Du côté de la Seine, dans la prairie, au milieu de toute la foule réunie, le roi conduit sa fille. Celle-ci ne porte comme vêtement que sa chemise. Dans ses bras, le jeune homme la prend. Quant à la fiole qui contient tout le philtre, étant sûr qu'elle n'a aucune intention de le tromper, il la lui donne pour qu'elle la porte. Mais je crains bien que la potion ne lui serve de rien, car il n'a pas le sens de la mesure.

Il emporte la jeune fille à grande allure et gravit la montagne jusqu'à mi-pente. Mû par la joie qu'il éprouve à tenir son amie, il ne se souvient plus du philtre. Elle sent bien qu'il se fatigue. « Mon ami, lui dit-elle, buvez donc ! Je sais très bien que vous vous fatiguez. Vous devez refaire vos forces. » Le jeune homme répond : « Ma belle amie, je me sens débordant d'énergie et je ne voudrais m'arrêter à aucun prix, même pas le temps de boire, pour peu que je puisse encore faire trois pas. Les cris de tous ces gens nous exciteraient ; ce vacarme m'étourdirait et pourrait vite me troubler. Je ne veux décidément pas m'arrêter ici. » Quand il eut franchi les deux tiers de la pente, il s'en fallut de peu qu'il ne tombât. La jeune fille le supplie sans arrêt : « Mon ami, buvez votre remède ! » Mais il ne veut ni l'écouter ni lui faire confiance.

Souffrant beaucoup, il avance avec elle dans ses bras. Il parvient au sommet, mais au prix de tant d'efforts qu'il s'y affaisse, pour ne plus se relever ; son cœur a cessé de battre.

La jeune fille, voyant son ami dans cet état, croit qu'il s'est évanoui et s'agenouille auprès de lui ; elle lui donne le philtre, mais lui ne peut plus lui parler, car il est mort, comme je viens de dire. Elle se lamente sur son sort, en poussant de hauts cris, puis elle lance le flacon contenant le philtre, qui se répand et pénètre dans toute la montagne, bonifiant tout le pays environnant : on y trouve un grand nombre de plantes bénéfiques, qui poussent sous l'action du philtre.

Je vous dirai maintenant ce qui arriva à la jeune fille. Devant la mort de son ami, sa souffrance dépassa tout ce qu'elle avait connu auparavant. S'étendant, elle se couche près de lui et le serre dans ses bras. Elle ne cesse d'embrasser ses yeux et sa bouche, puis la douleur qu'elle ressent pour lui l'atteint au cœur ; dans ce lieu, meurt la demoiselle qui était si vaillante, si sage et si belle.

Le roi et ceux qui assistaient, quand ils voient qu'ils ne reviennent pas, vont à leur recherche et les trouvent dans cette position. Le roi tombe alors à la renverse, évanoui. Quand il recouvre la parole, il clame sa grande douleur et les étrangers qui sont là font de même. On les laisse trois jours sur le sol. Puis on fait venir un cercueil de marbre, dans lequel on place les deux jeunes gens. Suivant l'avis des assistants, on les enterre au sommet de la montagne, et l'on se disperse.

En souvenir de ce que vécurent les jeunes gens, la montagne reçut le nom de « Montagne des deux amants ». Tout se passa comme je vous l'ai raconté et les Bretons en firent un lai.

Yonec

Du moment que j'ai commencé à écrire des lais, ce n'est pas la difficulté qui me fera y renoncer. Toutes les aventures que je connais, je les écrirai en vers. J'ai l'intention et le désir de vous parler tout de suite d'Yonec, de l'endroit où il naquit, de son père et comment celui-ci fit connaissance avec sa mère. Celui qui engendra Yonec s'appelait Muldumarec.

En Bretagne vivait jadis un homme puissant, mais très vieux ; il était gouverneur de Caerwent et considéré comme le seigneur de tout le pays. La ville est construite sur la Duelas et jadis c'était un lieu de passage pour les navires. Le personnage était très avancé en âge, mais, comme son héritage allait être riche, il prit femme pour avoir des enfants qui puissent devenir ses héritiers. La jeune fille qu'épousa le seigneur était issue d'une grande famille, sage, courtoise et très belle ; à cause de sa beauté, il l'aima d'un grand amour, mais, du fait même de sa beauté et de sa grâce, il se mit à la surveiller avec grand soin : il l'enferma dans le donjon, où elle habitait une

grande chambre dallée. Ayant une sœur qui était âgée et
veuve, il logea celle-ci avec elle pour la garder plus étroi-
tement. Il y avait là également d'autres femmes, je crois,
dans une autre chambre à part, mais la dame ne leur
adressait la parole que si la vieille le lui permettait. Il la
garda dans ces conditions plus de sept ans. Ils n'eurent
aucun enfant et elle ne sortit jamais de ce donjon pour
voir un parent ou un ami. Quand le seigneur allait se
coucher, il n'y avait ni chambellan ni portier qui osât
entrer dans la chambre, portant une bougie devant lui. La
dame vit en grande désolation, pleurant à chaudes larmes
et soupirant ; elle perd sa beauté puisqu'elle n'en a plus
cure. Son vœu le plus cher serait qu'une mort rapide
l'emportât.

C'était au début du mois d'avril, lorsque les oiseaux se
remettent à chanter. Le seigneur s'était levé tôt et s'était
préparé pour la chasse en forêt. Il fait lever la vieille et lui
dit de fermer les portes derrière lui. Celle-ci obéit à son
ordre et le seigneur part avec ses hommes. La vieille, de
son côté, s'en va avec son psautier pour lire des versets
dans une autre pièce.

La dame, qui s'est éveillée en larmes, aperçoit la lumière
du soleil, puis elle se rend compte que la vieille, elle, a
quitté la chambre. Elle se met alors à se plaindre en
soupirant et elle se lamente, toute en larmes : « Hélas !
fait-elle, je suis née pour mon malheur. Mon destin est
bien cruel. Me voilà prisonnière dans ce donjon et je n'en
sortirai que morte. Ce vieillard jaloux, que craint-il donc
pour me garder en si étroite captivité ? Il est complète-
ment fou et sot de toujours craindre d'être trahi. Je ne

peux pas aller à l'église pour y entendre l'office divin. Si je pouvais seulement rencontrer du monde et aller me distraire avec lui, je lui ferais belle figure, même sans en avoir envie. Maudits soient mes parents et tous les autres qui m'ont donnée en mariage à ce jaloux ! Elle est bien solide, la corde sur laquelle je tire : jamais il ne mourra. Pour le baptiser, on le plongea dans le fleuve de l'enfer ; ses nerfs sont solides, et solides sont ses veines, où coule un sang vigoureux et abondant. J'ai très souvent entendu raconter que jadis l'on pouvait vivre, dans ce pays, des aventures qui réconfortaient les inquiets. Les chevaliers trouvaient des jeunes filles selon leur désir, nobles et belles, et les dames trouvaient des amants beaux et courtois, preux et vaillants, et elles n'encouraient aucun reproche, car elles étaient seules à les voir. Si cela est possible et si cela fut, si jamais cela est arrivé à quiconque, que Dieu, qui a pouvoir sur tout, exauce mon désir ! »

Aussitôt qu'elle a fini sa plainte, elle aperçoit l'ombre d'un grand oiseau par une fenêtre étroite, ne sachant trop de quoi il s'agit. Dans la chambre, il entre en volant ; il a des lanières aux pattes et ressemble à un autour de cinq ou six mues. Il se pose devant la dame et, au bout de quelque temps, quand elle l'a bien examiné, il se transforme en un élégant et beau chevalier. La dame est remplie d'étonnement et tout son être entre en transe. Saisie de frayeur, elle se cache le visage. Mais le chevalier, qui est très courtois, s'adresse à elle le premier : « Dame, fait-il, n'ayez pas peur : l'autour est un oiseau noble. Même si cette affaire vous semble mystérieuse, dites-vous que vous êtes en sécurité et faites de moi votre ami ! C'est dans ce but,

ajoute-t-il, que je viens ici, car je vous aime depuis long-
temps et mon cœur vous désire ardemment ; je n'ai jamais
aimé une autre femme que vous et jamais n'en aimerai
une autre. Mais je ne pouvais venir à vous ni sortir de
mon palais que vous ne m'en eussiez d'abord prié.
Maintenant, je puis être vraiment votre ami. »

La dame est alors rassurée, se découvre le visage et lui
parle ; répondant à la demande du chevalier, elle lui dit
qu'elle fera de lui son amant, à condition qu'il croie en
Dieu et qu'ainsi leur amour soit possible ; il est très beau :
jamais de son vivant, elle n'a vu un chevalier d'une telle
beauté et jamais elle n'en verra un aussi beau. « Dame,
dit-il, ce que vous dites est juste et je ne voudrais pour
rien au monde que l'on m'accusât de quoi que ce soit, que
l'on eût à mon endroit des doutes ou des soupçons. Je
crois profondément au Créateur qui nous libéra de la
désolation où Adam, notre père, nous entraîna, en mor-
dant dans la pomme amère ; il est, sera et fut toujours vie
et lumière des pécheurs ! Si vous ne croyez pas mes
paroles, appelez votre chapelain, dites-lui que vous vous
sentez mal et que vous voulez recevoir le sacrement que
Dieu a instauré dans le monde pour sauver les pécheurs !
Je prendrai votre aspect et je recevrai le corps de Notre-
Seigneur ; vous m'entendrez dire tout mon Credo, et c'est
à tort que vous aurez alors des doutes à mon sujet. » Elle
lui répond qu'il dit vrai. Il se couche à côté d'elle dans le
lit, mais n'ayant nulle intention de la toucher, de la
prendre par le cou ni de l'embrasser.

Alors la vieille revient et, trouvant la dame éveillée, lui dit
qu'il est temps de se lever et qu'elle veut lui apporter ses

vêtements. La dame lui répond qu'elle est souffrante et lui demande de s'occuper de faire venir le chapelain au plus tôt, car elle a grand peur de mourir. La vieille lui dit : « Prenez patience ! Mon seigneur est allé en forêt et personne ne doit entrer ici sauf moi. » La dame, en grand émoi, feint alors de s'évanouir. Le vieille s'en rend compte et s'inquiète beaucoup ; elle ouvre la porte de la chambre et appelle le prêtre, qui arrive le plus vite possible, portant l'hostie. Le chevalier reçoit celle-ci et boit le vin du calice. Puis, le chapelain s'en va et la vieille verrouille les portes. La dame est étendue auprès de son ami : jamais je n'ai vu si beau couple.

Une fois qu'ils se sont beaucoup amusés et livrés au plaisir, et qu'ils ont parlé de leur vie intime, le chevalier prend congé, car il veut regagner son pays. Elle le prie avec douceur de revenir souvent la voir. « Dame, fait-il, quand il vous plaira, j'arriverai dans l'heure ; mais faites en sorte que nous ne soyons pas surpris. Cette vieille finira par nous dénoncer, car elle nous épiera nuit et jour ; elle découvrira notre amour et le dévoilera à son seigneur. Si tout se passe comme je vous le dis et que nous soyons ainsi dénoncés, je ne pourrai m'en tirer et devrai alors mourir. »

Ensuite, le chevalier s'en va, laissant son amie au comble de la joie. Le lendemain, elle se lève en grande forme et, pendant toute la semaine, elle est très heureuse. Elle prend bien soin de sa personne et recouvre ainsi toute sa beauté. Dorénavant, elle préfère rester chez elle plutôt que d'aller s'amuser ailleurs. Elle veut souvent voir son ami et prendre avec lui son plaisir. Dès que son seigneur s'en va, que ce soit la nuit ou le jour, tôt ou tard, elle le possède selon son désir. Fasse Dieu qu'elle jouisse de lui longtemps !

À cause de la grande joie qu'elle ressent à voir souvent son amant, toute son apparence se transforme. Mais son seigneur, qui est très averti, remarque bien, au fond de lui-même, qu'elle n'est plus comme autrefois. Soupçonnant sa sœur d'un manque de vigilance, un jour, il entreprend de lui parler pour lui dire qu'il s'étonne grandement que la dame accorde tant de soins à sa toilette, et il lui demande ce que cela veut dire. La vieille répond qu'elle n'en sait rien puisque personne ne peut s'entretenir avec elle et qu'elle n'a ni amant ni ami ; mais elle demeure seule plus volontiers que de coutume ; cela, la vieille l'a remarqué.

Alors le seigneur lui répond : « Ma foi, je vous crois sans le moindre doute. Maintenant, voici ce que vous devez faire : au matin, lorsque je serai levé et que vous aurez verrouillé les portes, faites semblant de sortir, la laissant seule au lit. Puis, tenez-vous dans un endroit dérobé et observez pour découvrir de quoi il peut bien s'agir et quelle est la cause de la grande joie qui s'est emparée d'elle ! » Sur cette décision, ils se séparent. Hélas ! quel malheur pour ceux que l'on veut ainsi épier, afin de les dénoncer et de leur tendre un piège !

Deux jours plus tard, comme on m'a raconté, le seigneur fait semblant de s'absenter, après avoir expliqué à sa femme que le roi l'a appelé auprès de lui par lettre, mais qu'il reviendra rapidement. Il sort de la chambre et verrouille la porte. La vieille, qui s'était levée, se met alors derrière un rideau, d'où elle pourra entendre et voir parfaitement ce qu'elle veut tant savoir.

La dame est étendue, mais ne dort pas, car elle désire de tout son être la présence de son ami. Il vient alors sans tarder et avec une grande ponctualité. Ensemble, ils s'abandonnent à leur jouissance dans leurs paroles et dans leurs caresses, jusqu'au moment où le chevalier doit se lever parce qu'il lui faut partir. La vieille, de son côté, le voit et observe comment il arrive et comment il s'en va. Elle est très effrayée de le voir d'abord en homme, puis en autour.

Quand revient le seigneur, qui n'était pas allé très loin, la vieille lui dévoile toute la vérité sur le chevalier, ce qui le rend très inquiet. Il s'empresse alors de faire fabriquer des pièges pour tuer le chevalier. Il fait forger de grandes broches de fer, dont l'une des extrémités est acérée : il n'existe pas au monde de rasoir plus tranchant. Quand il les a bien disposées, les entrecroisant étroitement, il les fixe sur la fenêtre, bien ajustées et assujetties, par où passe le chevalier quand il revient voir la dame. Dieu que n'a-t-il appris le méfait que le perfide s'apprête à commettre, le scélérat !

Le lendemain, de bon matin, le seigneur se lève avant le jour et dit qu'il veut aller chasser. La vieille l'accompagne à la porte, puis elle se recouche pour dormir, car il fait encore nuit. La dame, elle, est éveillée et attend celui qu'elle aime d'un cœur loyal ; elle se dit que c'est le moment qu'il vienne et qu'il demeure auprès d'elle tout à loisir. Dès l'instant qu'elle le lui demande, sans plus tarder il arrive en volant par la fenêtre, mais, comme les broches lui barrent le passage, l'une d'entre elles le transperce, faisant jaillir son sang vermeil. Se sentant blessé à mort, il se dégage, puis entre à l'intérieur. Devant la dame, il se pose sur le lit, dont il couvre de sang tous les draps. Voyant le sang et la plaie, elle est bouleversée par la douleur. Il lui dit : « Ma douce amie, par amour pour vous, je perds la vie ; je vous avais bien dit que cela arriverait et que votre bonne mine nous serait fatale. » Quand elle entend ces propos, elle tombe évanouie et, pendant quelque temps, elle est comme morte. Il la console doucement, lui disant que sa douleur ne sert à rien. Mais elle est enceinte de lui et elle aura un fils preux et vaillant qui lui apportera du réconfort. Elle lui fera donner le nom d'Yonec, et il les vengera, elle et lui, en tuant son ennemi.

Il ne peut alors demeurer plus longtemps, car sa plaie n'arrête pas de saigner ; éprouvant d'intenses souffrances, il s'en va. Elle le suit, en poussant de grands cris, et sort par une fenêtre ; cela tient du prodige qu'elle ne se tue pas, car il y a bien une hauteur de vingt pieds là d'où elle saute. Nue sous sa chemise, elle se met à suivre les traces du sang qu'a perdu le chevalier sur le chemin qu'elle prend. Elle suit ce sentier, sans dévier, jusqu'à ce qu'elle parvienne à une colline ; il y a là une ouverture toute trempée de sang, mais par où elle ne peut voir plus avant. Persuadée, toutefois, que son ami est entré là, elle s'y engage avec empressement. Elle ne trouve à l'intérieur aucune lumière, mais elle va son chemin sans dévier, si bien qu'elle finit par sortir de la colline, se trouvant

alors dans une très belle prairie. Elle voit que l'herbe est
mouillée de sang et son inquiétude est grande. Elle suit les
traces par la prairie.

Tout près, il y a une ville tout entourée d'une muraille ;
aucune maison, aucune résidence, aucune tour qui ne
paraisse toute faite d'argent ; les bâtiments sont splen-
dides. Du côté du bourg, il y a les marais, les forêts et les
bois en défens. De l'autre côté, tout près du donjon, coule
une rivière : c'est là qu'accostent les navires et il s'en
trouve alors plus de trois cents.

Comme la porte du bas est ouverte, la dame pénètre dans
la ville, suivant toujours les gouttes de sang frais, à travers
le bourg et jusqu'au château. Personne pour lui adresser la
parole : elle ne rencontre ni homme ni femme. Elle
parvient au palais, dans la salle pavée, qui est couverte de
sang. Elle entre dans une belle chambre, où se trouve un
chevalier endormi qu'elle ne connaît pas et va plus
avant. Dans une autre chambre plus grande, il y a un lit
sans aucun autre meuble, et un chevalier y dort. Elle va
plus avant et elle entre dans la troisième chambre ; c'est
là qu'elle trouve le lit de son ami : les montants en sont
d'or pur et je ne puis évaluer les draps ; les chandeliers et
les cierges qui y brûlent, nuit et jour, valent tout l'or d'une
cité.

Dès qu'elle le voit, elle reconnaît le chevalier et va vers
lui, toute bouleversée, puis elle tombe sur lui sans con-
naissance. Le chevalier la saisit dans ses bras, lui qui
l'aime tant, redisant comme il est malheureux. Quand elle
a repris ses sens, il la console avec tendresse : « Belle

amie, dit-il, pour l'amour de Dieu, allez-vous-en ! Fuyez
ce lieu ! Je vais bientôt mourir, au milieu du jour, et ici,
dans ces murs, la douleur sera si grande que, si l'on vous
trouvait, vous subiriez de fort mauvais traitements. Il sera
de notoriété chez mes sujets qu'ils m'ont perdu à cause de
mon amour pour vous. Je suis triste et m'inquiète à votre
sujet. » La dame lui répond : « Mon ami, je préfère mourir
avec vous que de souffrir auprès de mon seigneur : si je
retourne à lui, il me tuera. » Alors le chevalier la rassure :
il lui donne un petit anneau et lui indique qu'aussi long-
temps qu'elle le gardera son seigneur ne se souviendra de
rien de ce qui est arrivé et ne la persécutera pas. Il lui
remet son épée, qu'il lui confie, la conjurant de ne
permettre à personne de la posséder, mais de la garder
avec soin pour son fils. Quand il aura grandi et qu'il sera
devenu un chevalier preux et vaillant, à une fête où elle se
rendra, elle l'amènera avec son seigneur. Ils iront dans
une abbaye et, devant une tombe qu'ils verront, on leur
rappellera le souvenir de sa mort et comment il a été tué
injustement. C'est alors qu'elle remettra son épée à son
fils, lui racontant l'aventure, comment il est né et quel est
son père : on verra bien alors comment il réagira. Après
lui avoir tout dit et tout expliqué, il lui donne une tunique
de prix et lui ordonne de la mettre, puis il l'oblige à
prendre congé.

Elle s'en va, emportant l'anneau et l'épée, qui la récon-
fortent. Étant sortie de la ville, elle n'a pas franchi une
demi-lieue qu'elle entend sonner les cloches et s'élever la
rumeur du deuil que l'on mène au château pour le sei-
gneur qui va mourir. Elle sait très bien qu'il est mort et la
douleur qu'elle ressent la fait s'évanouir quatre fois.

Quand elle revient de pâmoison, elle se met en route vers
la colline. Elle y entre et la traverse, pour se retrouver
dans son pays. Auprès de son seigneur, elle demeura
maint et maint jour, sans qu'au sujet de cette aventure il
l'accusât, lui fît des reproches ou se moquât d'elle.

Son fils naît, on veille à son éducation, on prend grand
soin de lui et on le choie ; on lui donne le nom d'Yonec.
Dans le royaume, on ne peut trouver personne qui soit
aussi beau, aussi preux, aussi vaillant, aussi enclin aux
largesses et aussi généreux. Quand il en a l'âge, on l'arme
chevalier.

Or, la même année, écoutez ce qui arriva ! À la fête de
saint Aaron, qu'on célèbre à Caerleon et dans beaucoup
d'autres villes, le seigneur avait été invité à se rendre avec
ses amis, selon la coutume du pays, et à y amener sa
femme et son fils, en grand équipage. C'est ainsi qu'ils
partent, mais sans trop savoir vers quelle destinée ils se
dirigent. Avec eux, il y a un jeune homme qui les conduit
directement, jusqu'à ce qu'ils parviennent à un château
qui est le plus beau du monde. Il y a là une abbaye, où
habitent des gens très pieux. Le jeune homme qui les
conduit à la fête les y fait loger. Dans les appartements de
l'abbé, on les sert avec attention et on les honore. Le
lendemain, ils vont entendre la messe, puis ils s'apprêtent
à partir lorsque l'abbé vient leur parler, les priant avec
insistance de rester : il leur montrera son dortoir, son cha-
pitre et son réfectoire. Comme ils ont été bien reçus, le
seigneur se rend à sa demande.

Ce jour-là même, après avoir mangé, ils vont visiter les diverses composantes de l'abbaye, commençant par le chapitre, où ils trouvent une grande tombe couverte d'une pièce de soie à rosaces, ornée d'une riche broderie d'or transversale. À la tête, aux pieds et sur les côtés, il y a vingt cierges allumés ; les chandeliers sont d'or fin et il y a des encensoirs en améthyste qui, toute la journée, encensent la tombe pour lui rendre tous les honneurs. Ils demandent alors aux habitants du pays qui sont là de qui est la tombe, quel est celui qui y gît. Ceux-ci se mettent à pleurer et à leur raconter, tout en pleurant, que c'est le meilleur des chevaliers, le plus fort et le plus redoutable, le plus beau et le plus aimé de tous ceux qui ont jamais vu le jour. C'était le roi de ce pays et aucun autre n'avait été plus courtois que lui. À Caerwent, il avait été surpris et tué à cause de son amour pour une dame. « Depuis lors, nous n'avons pas de seigneur, et nous attendons, depuis longtemps, un fils qu'il a engendré avec cette dame, selon ce qu'il nous a dit et ordonné. »

Quand la dame entend ce témoignage, d'une voix forte, elle appelle son fils : « Beau fils, fait-elle, vous avez entendu comment Dieu nous a conduits ici. C'est votre père qui repose là, et c'est ce vieillard qui l'a tué injustement. Maintenant, je vous confie, en vous la remettant, son épée que je garde depuis très longtemps. » Devant tous les assistants, elle lui révèle que le chevalier l'a engendré, qu'il est son fils ; elle lui dit comment il venait auprès d'elle et comment son seigneur le tua, par ruse ; elle lui dévoile toute la vérité, puis elle tombe évanouie sur la tombe et meurt sans reprendre connaissance : jamais plus, elle ne parla. Quand son fils voit qu'elle est morte, il tranche la tête de son beau-père ; avec l'épée de son père, il venge celui-ci et sa mère.

Après cet événement, dont la nouvelle se répand à travers la ville, les habitants prennent le corps de la dame avec solennité et le déposent dans le tombeau, près du corps de son ami. Que Dieu leur fasse miséricorde ! Puis ils font d'Yonec leur seigneur, avant de quitter ces lieux.

Ceux qui entendirent raconter cette aventure, longtemps plus tard, en firent un lai, par compassion pour les souffrances qu'endurèrent les deux amants à cause de leur amour.

Le Laüstic

Je vais vous raconter une aventure dont les Bretons firent un lai qu'ils nomment *Le Laüstic*, je crois bien ; c'est ainsi qu'ils l'appellent dans leur pays ; on dit *rossignol,* en français, et *nihtegale,* en bon anglais.

Dans le pays de Saint-Malo, il y avait une ville célèbre où habitaient deux chevaliers dans deux maisons fortifiées. À cause des mérites des deux chevaliers, la ville avait bonne réputation. L'un d'entre eux avait épousé une femme sage, courtoise et avenante ; elle se conduisait admirablement, respectant les usages et les bonnes manières. L'autre était célibataire, bien connu parmi ses pairs, pour sa prouesse et sa grande valeur ; il menait un train de vie somptueux, participait à de nombreux tournois, dépensant beaucoup et donnant généreusement de son bien. Or, il devint amoureux de la femme de son voisin et ses demandes, ses prières furent si pressantes et ses qualités étaient si estimables qu'elle s'éprit ardemment de lui, tant pour le bien qu'elle avait entendu dire à son sujet que parce qu'il habitait tout près.

Ils s'aimèrent passionnément, mais avec discernement, cachant soigneusement leur secret et veillant à ne pas être découverts, ni inquiétés, ni soupçonnés ; ils pouvaient très bien y parvenir, car leurs demeures étaient proches, de même que les grandes salles des donjons. Aucune barrière, aucun obstacle ne les séparait, en dehors d'un haut mur de pierre grise.

De l'appartement où elle couchait, la dame, en se tenant près de la fenêtre, pouvait parler à son ami qui était en face et lui, à elle ; ils pouvaient aussi échanger des présents, en se les jetant ou se les lançant. Ils n'avaient aucun sujet d'insatisfaction, leur situation étant fort agréable, sauf qu'ils ne pouvaient être ensemble selon leur bon plaisir, car la dame était étroitement surveillée lorsque son ami se trouvait dans le pays. Mais alors, ils avaient au moins cet avantage, la nuit ou le jour, de pouvoir se parler. Personne ne pouvait les empêcher de se rendre à la fenêtre et là, de se regarder.

Pendant longtemps, ils s'aimèrent ainsi, jusqu'à l'arrivée d'un certain printemps quand les halliers et les prairies avaient verdi et que les jardins étaient fleuris. Les petits oiseaux, tout en douceur, disaient leur joie, volant au-dessus des fleurs. Celui qui alors désire aimer, il n'est pas étonnant qu'il y mette tous ses soins. Le chevalier, pour vous dire la vérité, s'y livre autant qu'il peut, comme la dame de son côté, en paroles et en regards. La nuit, lorsque brille la lune et que son mari est couché, souvent elle quitte le lit, met son manteau et vient se placer à la fenêtre pour voir son ami, dont elle sait qu'il en fait autant de son côté ; elle veille ainsi, pendant la plus grande partie de la nuit. Ils éprouvent du plaisir à se voir, ne pouvant obtenir davantage.

Mais elle se leva si souvent, pour se tenir ainsi à la fenêtre, que son mari se mit en colère et lui demanda, à plusieurs reprises, pourquoi elle se levait et où elle allait. « Seigneur, lui répond la dame, il ignore ce qu'est la joie en ce monde, celui qui n'a pas entendu chanter le rossignol. C'est pourquoi je vais me mettre à cette fenêtre. Son chant est si doux, la nuit, que j'en suis remplie de joie ; il me donne un tel plaisir et je désire tant l'entendre que je ne puis fermer l'œil. » À ces mots, le mari, irrité, se met à rire sous l'effet de la colère, et il imagine ceci, à savoir qu'il tendra un piège au rossignol.

Tous les gens de sa maison se mettent à fabriquer pièges, filets et lacets, qu'ils installent dans le jardin. Pas un coudrier ou un châtaignier où ils ne mettent des lacets ou de la glu, si bien qu'ayant capturé le rossignol, ils le retiennent captif. Aussitôt qu'ils l'ont pris, ils le remettent vivant au seigneur. Tout heureux de le tenir, celui-ci se rend dans les appartements de la dame. « Madame, fait-il, où êtes-vous ? Venez ici me parler ! J'ai piégé le rossignol qui vous a tant fait veiller. Désormais, vous pouvez reposer en paix : il ne vous éveillera plus. » À ces mots, la dame s'attriste et s'émeut. Elle demande alors l'oiseau à son mari, qui le tue par simple méchanceté, lui tordant le cou de ses deux mains. C'est bien là une conduite de vilain. Il jette alors le corps sur la dame, tachant ainsi sa chemise de sang, sur le devant un peu au-dessus du sein.

Sur ce, il quitte la chambre. La dame, elle, prend la petite chose, fond en larmes et maudit ceux qui, par ruse, ont pris le rossignol, ayant fabriqué des pièges et des lacets, car ils l'ont privée d'une très grande joie. « Hélas, fait-elle, quelle infortune ! Je ne pourrai plus me lever la nuit ni aller me mettre à la fenêtre où j'ai l'habitude de voir mon ami, et je suis bien sûre d'une chose : il croira que je renonce à notre amour ; il me faut donc agir. Je lui enverrai le rossignol et lui communiquerai ce qui s'est passé. »

Dans une pièce de brocart sur laquelle elle a tout écrit en broderie d'or, elle enveloppe le petit oiseau ; elle appelle un serviteur, qu'elle charge de son message, et l'envoie auprès de son ami. Le serviteur se rend chez le chevalier, lui transmet le salut de sa maîtresse, délivre tout son message et remet le rossignol. Quand il lui a tout raconté en détail, le chevalier, qui a écouté avec attention, est navré de cette mésaventure. Mais il n'est pas rustre ni lent à agir. Il fait forger un coffret ni de fer ni d'acier, mais entièrement d'or fin serti de belles pierres très précieuses et de grand prix, dont le couvercle s'ajuste bien. Il y dépose le laüstic, puis il fait sceller cette châsse, qu'il fait toujours porter près de lui.

On raconta cette aventure, qui ne put longtemps rester cachée, et les Bretons en firent un lai que l'on appelle *Le Laüstic*.

Milon

Si l'on veut écrire des récits variés, on doit en varier le début et tenir des propos assez pertinents pour qu'ils plaisent au public. Ainsi, je vais commencer l'histoire de Milon et j'expliquerai brièvement pourquoi et comment on composa le lai qui porte son nom.

Milon est né en Galles du Sud. Depuis le jour où il fut adoubé, il ne rencontra pas un seul chevalier qui pût le désarçonner. C'était un excellent chevalier, noble et hardi, courtois et altier. Il était célèbre en Irlande, en Norvège, et dans le Jutland ; en Angleterre et en Écosse, beaucoup l'enviaient. Sa prouesse lui valait une grande estime et de nombreux princes le traitaient avec respect.

Dans son pays, il y avait un baron, dont je ne saurais dire le nom, qui avait pour fille une belle et très courtoise demoiselle. Elle avait entendu parler de Milon et se mit à l'aimer passionnément. Elle lui fait dire, par un messager, que, si cela lui agrée, elle consentira à l'aimer. Milon, se réjouissant de cette nouvelle, remercie la demoiselle, se

disant heureux de lui offrir son amour et lui certifiant
qu'il ne la quittera jamais. C'est là une réponse tout à fait
courtoise. Puis, il offre au messager de beaux cadeaux et
l'assure de toute son amitié. « Mon ami, dit-il, fais en
sorte que je puisse m'entretenir avec mon amie sans
qu'on le sache. Vous lui apporterez mon anneau d'or, que
vous lui remettrez de ma part. Quand il lui plaira de me
voir, venez me prendre et je vous accompagnerai. » Le
serviteur prend congé et s'en va ; il retourne alors auprès
de sa maîtresse, lui remet l'anneau et lui dit qu'il s'est
bien acquitté de la tâche qu'elle lui avait confiée. La
demoiselle est ravie de l'amour que Milon lui accorde.

Près de sa chambre, il y avait un jardin, où elle avait
l'habitude d'aller se délasser ; c'est là que Milon et elle
ménageraient leurs fréquentes rencontres. Milon l'aima à
un point tel et vint si souvent qu'à la fin la demoiselle fut
enceinte. Quand elle s'en aperçoit, elle appelle Milon et
lui fait ses doléances, le mettant au courant de la situa-
tion : elle perd son honneur et son bien-être, car, à cause
de sa conduite, elle sera sévèrement punie, suppliciée par
l'épée ou vendue dans un pays étranger. C'était la cou-
tume que, chez les anciens, l'on observait à cette époque.
Milon répond qu'il agira comme elle l'aura décidé.
« Lorsque l'enfant, fait-elle, sera né, vous le porterez à ma
sœur, qui est mariée, dans le Northumberland ; c'est une
dame puissante, bonne et sage ; vous lui annoncerez, par
lettre de moi, et lui expliquerez, de vive voix, qu'il s'agit
de l'enfant de sa sœur, à qui il a fait subir bien des souf-
frances. Qu'elle veille à ce qu'il reçoive une bonne éduca-
tion, que ce soit une fille ou un garçon ! Je lui mettrai
votre anneau au cou et, dans une lettre que je lui enverrai,

j'écrirai le nom de son père et l'histoire de sa mère. Quand il aura grandi et qu'il aura atteint l'âge de pouvoir apprécier la situation, elle devra lui remettre la lettre et l'anneau, lui recommandant de garder ces objets jusqu'à ce qu'il puisse retrouver son père. »

Ils s'en sont tenus à la décision de la jeune fille, et le jour vint enfin où elle accoucha. Une vieille qui s'occupe d'elle et à qui elle a dévoilé son état la cache alors sous sa protection, si bien que personne ne remarque rien, ni dans ses paroles ni dans sa contenance. La jeune femme donne naissance à un très beau garçon. On suspend l'anneau à son cou ainsi qu'une aumônière de soie, où l'on met la lettre pour que personne ne la voie. Puis, on le couche dans un berceau, enveloppé d'un drap de lin blanc. Sous la tête de l'enfant, on place un oreiller précieux et, sur lui, une couverture toute bordée de martre. La vieille le remet à Milon, qui l'attendait dans le jardin, et lui le confie à des gens sûrs, qui l'emportent.

Dans les villes par où ils passent, ils font une halte, sept fois par jour, pour y faire allaiter l'enfant, le changer et le baigner. Ils ne s'écartent pas du bon chemin, si bien qu'ils parviennent à remettre l'enfant à la dame. Elle se félicite de le recevoir et on lui remet la lettre scellée. Quand elle sait de qui il s'agit, elle se met à le chérir sans limites. De leur côté, ceux qui l'ont amené retournent dans leur pays.

Milon, lui, avait quitté le sien pour aller servir, afin d'acquérir du renom. Mais son amie est restée chez elle et son père décide de la donner en mariage à un seigneur qui est un homme du pays, très puissant, d'une grande valeur et d'une excellente réputation. Quand elle apprend ce qui lui échoit, sa tristesse est sans bornes et il lui arrive souvent de regretter l'absence de Milon, car elle redoute beaucoup le tort que peut lui causer le fait d'avoir eu un enfant, ce que son mari remarquera bien vite. « Hélas, dit-elle, que faire ? Aurai-je vraiment un mari ? Comment cela est-il possible ? Je ne suis plus vierge ; alors, je ne puis que devenir désormais servante. Je ne savais pas qu'il en serait ainsi, car je comptais bien épouser mon ami ; nous aurions gardé l'affaire pour nous et je n'aurais entendu personne d'autre me la rapporter. Mieux me vaudrait mourir que vivre dans de telles conditions ! Mais je suis loin d'être libre, car beaucoup de gardiens me surveillent, vieux et jeunes, mes domestiques, qui détestent les amours heureuses et font leurs délices du chagrin d'autrui. C'est donc là ce que je devrai supporter ; quel malheur que je ne puisse mourir ! » Le jour même où son mariage a lieu, son mari l'emmène.

Milon revient dans son pays ; tout triste et soucieux, il est accablé sous le poids d'une grande douleur, mais il est soutenu par l'idée que se trouve tout près de son pays celle qu'il a tant aimée. Milon se met à chercher un moyen d'apprendre à celle-ci, sans qu'on le sache, qu'il est de retour chez lui. Il écrit une lettre, la scelle et, comme il avait un cygne qu'il aimait beaucoup, il attache cette lettre à son cou et la dissimule dans ses plumes. Il appelle alors un de ses écuyers, qu'il charge de son message : « Va vite, lui dit-il, change de vêtements ! tu iras au château de mon amie et tu emporteras mon cygne ; veille bien à faire en sorte, par l'entremise d'un domestique ou d'une servante, que le cygne lui soit présenté ! »

L'écuyer, obéissant à son maître, s'en va alors avec le cygne. Empruntant le chemin le plus direct qu'il connaisse, il parvient au château sans tarder. Il traverse la ville et arrive à la porte principale. Il appelle le portier et lui dit : « Mon ami, écoute-moi ! Je suis un homme dont le métier est de savoir capturer les oiseaux ; à une portée d'arc de Caerleon, j'ai pris un cygne au lacet. Pour obtenir d'elle appui et protection, je veux l'offrir à la dame de ces lieux afin que je ne sois pas inquiété ni accusé de quoi que ce soit, dans le pays. » Le jeune homme lui répond : « Mon ami, personne ne peut normalement lui parler, mais je vais toutefois me renseigner et, si je pouvais trouver le moyen de te conduire à elle, je te ménagerais un entretien. »

Le portier se rend alors dans la grande salle, où il ne trouve que deux chevaliers qui, assis à une grande table, jouent aux échecs. Il revient vite sur ses pas et conduit l'écuyer de telle façon que personne ne s'en aperçoit : il n'est ni inquiété ni remarqué. Étant arrivé à la chambre, il appelle et une jeune fille leur ouvre la porte.

Ils se présentent alors devant la dame et lui offrent le cygne. Celle-ci appelle un de ses serviteurs et lui dit : « Fais en sorte que mon cygne soit bien soigné et qu'il soit bien nourri ! — Madame, fait celui qui l'a apporté, personne, hormis vous, ne doit le recevoir, car il s'agit là d'un présent royal : voyez comme il est doux et beau ! » Il le lui donne alors, le posant entre ses mains, et elle le reçoit avec grand plaisir. Elle lui flatte le cou et la tête et, sous les plumes, elle touche la lettre : son sang ne fait qu'un tour, car elle sait fort bien que celle-ci vient de son ami. Elle commande à ses gens de récompenser l'écuyer et donne congé à ce dernier.

Quand il n'y a plus personne dans la chambre, elle appelle une servante. Elles détachent la lettre et la dame en brise le sceau. Dès l'en-tête, elle lit « Milon », reconnaissant le nom de son ami : cent fois elle l'embrasse, en pleurant, avant de pouvoir reprendre sa lecture à haute voix. Au bout d'un moment, elle lit la lettre, avec tout ce qu'elle lui révèle sur les grandes souffrances et la douleur que Milon supporte, nuit et jour : maintenant, il dépendait de son bon plaisir qu'il mourût ou qu'il fût sauvé. Si elle pouvait trouver quelque ruse pour le rencontrer, qu'elle le lui apprît par lettre en lui renvoyant le cygne. D'abord, elle devrait bien s'occuper du cygne, le laissant jeûner, trois jours, sans aucune pâture ; puis, elle suspendrait sa lettre à son cou et le laisserait partir : il s'envolerait vers l'endroit où il demeurait au départ. Après avoir pris connaissance de toute la lettre et compris ce que Milon avait conçu, elle fait bien soigner le cygne, le fait nourrir et abreuver en abondance. Elle le garde un mois dans sa chambre.

Mais maintenant, écoutez bien ce qui arriva ! À force d'habileté et de ruse, elle se procure de l'encre et du parchemin. Elle écrit une lettre, selon ce qu'elle souhaite, et la scelle avec un anneau. Elle fait jeûner le cygne, lui attache le message au cou et le laisse partir. L'oiseau, étant affamé et désireux de manger, revient rapidement à l'endroit d'où il venait.

Il arrive à la ville, puis à la maison, où il se pose aux pieds de Milon. À sa vue, celui-ci est tout heureux et il le saisit joyeusement par les ailes. Il appelle un intendant pour qu'il donne de la nourriture à l'oiseau, puis, détachant la lettre que celui-ci a au cou, il la lit d'un bout à l'autre ; autant des indications qu'elle lui donne que des solutions qu'elle lui envoie, il se réjouit. Elle ne peut sans lui, écrit-elle, connaître de bonheur. Alors, qu'il lui fasse savoir ce qu'il désire, en utilisant le cygne de la même façon. C'est ce que Milon se hâte de faire.

Vingt années durant, ils menèrent cette vie, Milon et son amie, faisant du cygne leur messager et n'ayant pas d'autre intermédiaire. Ils le faisaient jeûner avant de le laisser partir, et celui auprès de qui l'oiseau se rendait, sachez-le, lui donnait de la nourriture. Ils purent ainsi se rencontrer souvent. Car nul ne peut être si démuni ni surveillé si étroitement qu'il ne trouve souvent une occasion heureuse.

La dame qui élevait leur fils s'était occupée de lui jusqu'à ce qu'il eût atteint l'âge où elle le fit armer chevalier ; c'était un très beau jeune homme. Elle lui rend alors la lettre et l'anneau, puis elle lui dévoile l'identité de sa mère et l'histoire de son père, lui disant comme ce dernier est un valeureux chevalier, d'un tel courage, d'une telle hardiesse et d'une telle fierté que nul au monde ne le surpasse en renommée et en valeur. Quand la dame lui a fait ces révélations, qu'il a bien écoutées, le jeune homme se réjouit de la valeur de son père ; il est heureux de ce qu'il vient d'entendre et pense en lui-même et se dit : « Un homme doit s'estimer de bien peu de valeur si, ayant été engendré par un père d'une telle réputation, il n'atteint pas à une plus grande renommée encore, hors de son domaine et de son pays. » Comme il a tout ce qu'il lui faut, il ne reste là qu'un soir de plus et, le lendemain, il prend congé ; la dame ne lui mesure pas ses conseils, l'exhortant à bien se conduire, et lui donne beaucoup d'argent.

Il se rend à Southampton pour traverser et prend la mer aussitôt qu'il peut. Étant parvenu à Barfleur, il s'en va directement en Bretagne. Là, il dépense sans compter, prend part à des tournois et fait la connaissance de seigneurs puissants. Il ne se produit jamais qu'en une joute il ne soit pas considéré comme le meilleur. Éprouvant de la sympathie pour les chevaliers pauvres, ce qu'il gagne sur les riches, il le leur donne, les entretient à son service et fait de somptueuses dépenses. Jamais de son plein gré il ne se repose. Par toutes les terres où il se trouve, il est reconnu comme le plus valeureux. Très courtois, il sait mener une vie fastueuse. De sa valeur et de sa réputation, le bruit se répand dans son pays : on dit qu'un jeune homme de ce pays, ayant traversé la mer en quête de gloire, a si bien témoigné de sa prouesse, de sa valeur et de sa générosité que ceux qui ignorent son nom l'appellent partout le « Sans égal ».

Milon entend parler de sa réputation et des mérites qu'on lui attribue. Il en souffre et se plaint beaucoup qu'il y ait un chevalier aussi valeureux, car, aussi longtemps qu'il pourrait voyager, prendre part aux tournois et porter les armes, aucun autre chevalier du pays ne devrait recevoir plus de respect et être plus renommé que lui. Il prend alors une décision : sans attendre, il traversera la mer et combattra le chevalier, pour l'humilier et nuire à sa réputation. C'est avec fureur qu'il se battra et, s'il peut le désarçonner, le chevalier sera alors couvert de honte. Ensuite, il ira à la recherche de son fils, qui a quitté le pays et dont il ignore ce qu'il est devenu. Il annonce son projet à son amie, car il veut obtenir d'elle son congé. Il lui dévoile toute sa pensée dans une lettre scellée qu'il lui envoie, par l'intermédiaire du cygne, je suppose. Il la prie de lui donner en retour son avis. Quand elle apprend ce qu'il veut faire, la dame le remercie et lui sait gré de vouloir quitter le pays pour aller à la recherche de leur fils et pour lui donner la preuve de sa propre valeur. Elle ne veut pas, dit-elle, le détourner de son projet.

Milon, ayant pris connaissance du message, s'équipe richement et traverse la mer pour se rendre en Normandie, puis il gagne la Bretagne, où il fait de nombreuses connaissances. Il fréquente les tournois, il donne souvent de somptueuses réceptions et offre des présents, d'une façon courtoise.

Tout un hiver, je crois, Milon demeura dans le pays, gardant auprès de lui de nombreux chevaliers, jusqu'après Pâques, à l'époque où recommencent les tournois, les guerres et les combats judiciaires. On se rassemble alors au Mont-Saint-Michel, où vont Normands et Bretons, Flamands et Français, mais il n'y a là guère d'Anglais. Milon s'y rend le premier, lui qui est hardi et fier. Il se renseigne sur le brave chevalier en question, et beaucoup lui disent de quel côté il est allé. Le reconnaissant à ses armes et à ses boucliers, ils ont tôt fait de le montrer à

Milon, qui l'examine soigneusement. Les chevaliers qui participent au tournoi se rassemblent et qui cherche la joute la trouve aussitôt. Qui le moindrement veut parcourir les pistes y peut vite perdre ou gagner dans un combat contre un adversaire. Sur Milon, je veux simplement vous dire qu'il se comporta très bien dans ce tournoi et que, ce jour-là, il reçut beaucoup d'éloges, mais le jeune homme dont je vous ai parlé dépassa tous les autres en renommée ; aucun ne put se comparer à lui pour le tournoi ou la joute.

Le voyant ainsi se comporter, si bien s'élancer et frapper avec une belle ardeur, Milon, même s'il l'envie, est au comble de l'admiration et du plaisir. Il se met en bout de piste, lui faisant face, et ils engagent le combat. Milon le frappe si vigoureusement qu'il brise net la hampe de sa lance, mais il ne réussit pas à le désarçonner, et déjà l'autre le frappe si fort qu'il le fait tomber de cheval. Le jeune homme, apercevant alors, sous la ventaille, la barbe et les cheveux blancs, se désole de l'avoir fait tomber. Il prend le cheval de Milon par les rênes et le lui présente, en disant : « Seigneur, montez ! Je suis triste et désolé d'avoir fait subir à un homme de votre âge un tel outrage. »

Milon remonte en selle avec grand plaisir, car au doigt du jeune homme il a reconnu l'anneau lorsqu'il lui a rendu son cheval. Il lui adresse alors la parole : « Mon ami, fait-il, écoute-moi ! Au nom de Dieu tout-puissant, dis-moi quel est le nom de ton père ! Et comment t'appelles-tu ? Qui est ta mère ? Je veux savoir la vérité. J'ai beaucoup vu, beaucoup voyagé, parcouru de nombreux pays étrangers pour participer à des tournois et à des guerres ; or, jamais un chevalier ne m'avait porté un coup qui me fît tomber de cheval. Mais toi, tu m'as démonté dans notre joute, et pourtant, cela m'étonne, je puis éprouver de la sympathie pour toi. » Le chevalier lui répond : « Je vous dirai, sur mon père, tout ce que je sais. Je crois qu'il est né au pays de Galles et qu'il s'appelle Milon. Il est devenu amoureux de la fille d'un seigneur puissant et m'a engendré secrètement. On m'a envoyé dans le Northumberland et c'est là que j'ai été élevé et instruit : une tante à moi m'a élevé et m'a gardé auprès d'elle, jusqu'au moment où, m'ayant donné un cheval et des armes, elle m'a envoyé dans ce pays. J'habite ici depuis longtemps, mais j'ai l'idée et l'intention de traverser bientôt la mer pour rentrer dans mon pays. Je veux savoir tout sur mon père, et comment il a agi envers ma mère. Je lui montrerai un anneau d'or et lui fournirai des preuves telles qu'il n'aura pas l'idée de me renier, mais qu'il éprouvera pour moi affection et estime. »

Quand Milon entend ces propos, il ne peut plus attendre : il se précipite en avant, saisit le jeune homme par le pan de son haubert et dit : « Dieu, quelle joie ! Par ma foi, mon ami, tu es bien mon fils. C'est dans le but de te trouver, pour me mettre à ta recherche, que, cette année, j'ai quitté mon domaine. » L'ayant entendu, le jeune homme descend de cheval et embrasse son père avec tendresse. Leur bonheur est grand et les paroles qu'ils s'adressent sont telles que ceux qui sont présents se mettent à pleurer de joie et d'émotion.

Lorsque le tournoi est terminé, Milon s'en va, car il lui tarde de parler à son fils tout à loisir et de lui exprimer sa satisfaction. Ils logent, cette nuit-là, au même endroit, dans la joie et les célébrations, en compagnie de nombreux chevaliers. Milon raconte à son fils comment il a aimé sa mère et comment le père de celle-ci l'a donnée en mariage à un seigneur de son pays ; comment ils ont continué à s'aimer l'un l'autre d'un cœur loyal, et comment le cygne leur a servi de messager : il lui faisait porter ses lettres, n'osant se fier à aucun autre moyen. Son fils lui répond : « Par ma foi, mon père, je vous réunirai, vous et ma mère. Son mari, je le tuerai et je vous la ferai épouser. »

Ils mettent alors fin à leur entretien et, le lendemain, ils se préparent à prendre la mer ; puis ils prennent congé de leurs amis et retournent dans leur pays. Leur traversée s'effectue rapidement, car il fait beau temps et le vent souffle bien. Sur leur chemin, ils rencontrent un serviteur dépêché par l'amie de Milon. Il voulait traverser en Bretagne, où elle l'avait envoyé. Sa tâche se trouve allégée, car il donne à Milon une lettre scellée et lui fait savoir, de vive voix, qu'il doit venir sans plus tarder ; son maître est mort ; alors qu'il se hâte ! Quand Milon apprend cette nouvelle, elle lui semble inespérée. À son fils, il en fait part et, sans délai ni repos, ils poursuivent leur route jusqu'au château de la dame. Elle se réjouit beaucoup de voir son fils, qui est si brave et si noble.

Sans inviter les parents à se prononcer et sans demander conseil à personne, le fils les unit tous deux, donnant sa mère en mariage à son père. Dans un grand bonheur et éprouvant une grande affection, ils vécurent dès lors, nuit et jour.

Sur leur amour et leur félicité, les anciens firent un lai, et moi, qui l'ai mis par écrit, j'ai ressenti grand plaisir à le raconter.

Le Chaitivel

L'envie m'est venue d'évoquer un lai que j'ai entendu raconter. Je vous dirai l'histoire et le nom de la ville où on l'a élaboré, et l'origine de son titre : on l'appelle *Le malheureux*, mais nombreux sont ceux qui l'appellent *Les quatre deuils*.

En Bretagne, vivait à Nantes une dame qui était remarquable par sa beauté, son éducation et sa grande distinction. Dans le pays, il n'y avait aucun chevalier, méritant quelque estime, qui, pour peu qu'il l'eût vue une seule fois, ne devînt amoureux d'elle et ne la priât d'amour. De son côté, elle ne pouvait les aimer tous et ne voulait pas non plus causer leur mort. Il vaudrait mieux aimer et prier d'amour toutes les dames d'un pays que d'enlever son pain à un fou, car celui-ci veut vous frapper, sans attendre ; alors que la dame sait gré à un homme de ses bons sentiments ; c'est pourquoi, même si elle refuse de l'entendre, elle ne doit pas lui adresser des paroles blessantes, mais plutôt l'honorer et l'estimer, lui rendre service et le remercier.

La dame dont je veux vous entretenir fut requise d'amour, à cause de sa beauté et de sa valeur, à un point tel que c'est jour et nuit qu'on la courtisait. En Bretagne, il y avait quatre braves dont je ne saurais dire le nom ; ils étaient plutôt jeunes, mais d'une grande beauté, des chevaliers preux et vaillants, généreux, courtois et dépensant avec prodigalité. Ils avaient une excellente renommée et figuraient parmi les nobles du pays. Tous les quatre, ils aimaient la dame et s'efforçaient de se distinguer ; pour obtenir ses faveurs et son amour, chacun faisait de son mieux. Chacun pour soi la priait d'amour, y mettant tous ses efforts ; pas un qui ne crût avoir plus de succès que les autres.

La dame, elle, se comportait avec beaucoup de prudence : elle se donne un temps de réflexion pour tâcher de savoir lequel il serait préférable d'aimer. Ils ont tous les quatre une telle valeur qu'elle ne peut dire qui est le meilleur, ne voulant pas en perdre trois pour en gagner un : elle fait donc bon accueil à tous, leur donne des gages d'amour, leur envoie des messages.

Chacun sait ce qui se passe avec les autres, mais ne peut se détacher, croyant que, par son service d'amour et ses prières, il peut mieux réussir que les autres. Lorsque les chevaliers combattent, chacun veut être le premier, se distinguer, s'il le peut, afin de plaire à la dame. Tous les quatre, ils la tiennent pour amie, tous portent le gage d'amour qu'elle leur a donné, anneau, manche, banderole, et chacun emploie son nom comme cri de ralliement.

Elle les aime tous les quatre et les retient auprès d'elle, jusqu'à une année où, après Pâques, on annonce un tournoi devant la ville de Nantes. Pour faire la connaissance des quatre amants, sont venus d'autres pays Français et Normands, Flamands et Brabançons, Boulonnais et Angevins, ainsi que les proches voisins. Tous viennent avec plaisir, car ils attendaient ce moment depuis longtemps. Le soir précédant le tournoi, ils se donnent de durs coups. Les quatre amants, en armes, sortent de la ville, suivis de leurs chevaliers, mais le poids du combat repose sur eux. Les combattants de l'extérieur les reconnaissent à leurs bannières et à leurs écus ; contre eux, ils envoient des chevaliers, deux Flamands et deux Hainuyers, qui sont prêts à attaquer, remplis d'ardeur pour le combat. Les quatre amants les voient venir contre eux : n'ayant aucune intention de fuir, lance baissée et piquant des deux, chacun choisit son adversaire. Ils se frappent avec une telle violence que les quatre combattants de l'extérieur tombent de cheval ; alors, les quatre amants n'ont cure des chevaux, qu'ils laissent aller sans cavalier, restant, quant à eux, près de ceux qui sont tombés ; mais les chevaliers de ces derniers viennent à leur secours et leur action entraîne une grande mêlée, où l'on échange de nombreux coups d'épée. La dame, qui se tient au sommet d'une tour, distingue très bien les siens et ceux du camp adverse ; elle voit le succès de ses amants, mais ne sait toujours pas lequel elle doit estimer le plus.

Alors commence le tournoi ; les rangs se forment, la foule grossit. C'est devant la porte, de nombreuses fois ce jour-là, que s'engage le combat. Les quatre amants se battent si bien qu'ils sont reconnus comme les meilleurs jusqu'à ce que vienne le soir, à l'heure où ils doivent se séparer : alors, ils s'exposent avec trop de légèreté loin de leur troupe, et ils en sont punis, car trois d'entre eux sont tués et le quatrième est gravement blessé à la cuisse et au corps, une lance le transperçant de part en part. C'est une attaque par le flanc qui cause leur perte, les désarçonnant tous les quatre. Ceux qui les ont blessés à mort jettent leur écu sur le terrain ; ils sont très malheureux pour eux, car ils n'ont pas agi volontairement. La nouvelle s'ébruite et se répand ; jamais on n'avait assisté à un tel deuil. Les chevaliers de la ville sortent sans craindre les autres. À cause de la peine qu'ils éprouvent pour les chevaliers morts, il y en a deux mille qui délacent leur casque, s'arrachent cheveux et barbe, car tous ressentent le même deuil. On les place chacun sur son écu et on les transporte dans la ville, jusqu'à la dame qui les avait aimés.

Dès qu'elle apprend cette aventure, celle-ci tombe évanouie sur la terre dure. Quand elle revient de pâmoison, elle prononce une plainte funèbre sur chacun, en le nommant. « Hélas, fait-elle, que vais-je faire ? Jamais plus je ne serai heureuse. J'aimais ces quatre chevaliers et désirais chacun en particulier. Il y avait en eux de très grands mérites et ils m'aimaient plus que tout au monde. À cause de leur beauté, de leur prouesse, de leur valeur, de leur générosité, je les ai poussés à m'accorder leur dévouement. Je ne voulais pas les perdre tous, en n'en choisissant qu'un, et maintenant je ne sais même pas lequel je dois le plus regretter. Mais je ne peux plus me le cacher ou me le dissimuler : je vois l'un blessé ; les trois autres sont morts et je n'ai plus rien au monde pour me consoler. Je ferai ensevelir les morts et, si le blessé peut guérir, je m'occuperai de lui avec plaisir et lui procurerai de bons médecins. »

Elle le fait transporter dans ses appartements, puis elle fait effectuer la toilette funèbre des autres. Avec beaucoup d'amour, elle ordonne de les parer, dans la magnificence et la richesse. Dans une très belle abbaye, où elle fait de grandes offrandes et d'importantes donations, on va les ensevelir. Que Dieu leur donne sa miséricorde ! Ayant fait venir des médecins compétents, elle leur confie le chevalier blessé, qui est couché dans sa chambre, jusqu'à ce qu'il soit hors de danger. Elle va souvent le visiter et le réconforte avec une grande bonté, mais elle regrette les trois autres, dont la mort lui cause une grande peine.

Un jour d'été, après le repas, comme la dame conversait avec le chevalier, se souvenant de son grand deuil, elle baissa la tête et les yeux pour se plonger dans ses pensées. Le chevalier se met à l'observer et, voyant bien qu'elle réfléchit, il lui adresse la parole avec douceur : « Madame, fait-il, vous êtes troublée. À quoi pensez-vous ? Dites-le-moi ! Ne soyez plus triste ! Il faudrait bien reprendre courage. » — Mon ami, fait-elle, j'étais absorbée par la pensée de vos compagnons, dont j'évoquais le souvenir. Jamais dame de ma condition, si belle, si vertueuse et si sage soit-elle, n'aimera à la fois quatre chevaliers de votre qualité et ne les perdra en un seul jour, sauf vous seul qui avez été blessé, et vous avez été très près de mourir. Comme je vous ai tous tant aimés, je veux que l'on se souvienne de ma douleur. Je ferai un lai sur vous quatre, que je nommerai *Les quatre deuils*.

Le chevalier lui répond dès qu'il entend ces mots :
« Madame, faites ce nouveau lai, mais nommez-le *Le
malheureux* ! Je veux vous expliquer pourquoi l'on doit
lui donner ce titre. Voilà quelque temps que les autres sont
morts et, toute leur vie, ils ont épuisé la grande peine que
leur causait l'amour qu'ils avaient pour vous. Mais, moi
qui m'en suis sorti, je suis éperdu et malheureux, car celle
qu'au monde j'aime le plus, je la vois souvent aller et
venir ; elle me parle matin et soir, mais je ne puis avoir la
joie de l'embrasser, de la serrer dans mes bras, devant me
contenter du seul plaisir de la conversation. Ce sont tous
ces maux que vous me faites souffrir. Mieux me vaudrait
mourir. Voilà pourquoi le lai sera nommé à ma mémoire :
on l'appellera *Le malheureux*. Celui qui le nommera *Les
quatre deuils* lui enlèvera son vrai nom. — Ma foi, fait-
elle, cela me convient : appelons-le donc *Le malheu-
reux* ! »

C'est ainsi que l'on entama le lai, puis on l'acheva et il fut
diffusé. Parmi ceux qui le mirent en circulation, quelques-
uns l'appellent *Les quatre deuils*. Chacun des titres
convient très bien, car le sujet se prête aux deux, mais *Le
malheureux* est celui que l'on retient le plus souvent. Ici
se termine le récit, sans plus : Je n'ai rien entendu de plus
ni ne sais rien de plus ; aussi ne vous en dirai-je pas
davantage.

Le Chèvrefeuille

Il me fait grand plaisir, et c'est là certes mon désir, de vous raconter la véritable histoire du lai que l'on nomme *Le Chèvrefeuille*, vous disant pourquoi et comment il fut écrit et quelle est son origine.

Beaucoup m'ont fait le récit, et le l'ai également trouvé par écrit, de l'histoire de Tristan et de la reine, de leur amour qui fut si sincère et qui leur apporta de grandes souffrances et fut cause de leur mort le même jour.

Le roi Marc, qui était courroucé et irrité contre son neveu Tristan, avait chassé celui-ci de ses terres à cause de l'amour qu'il éprouvait pour la reine. Tristan se rend alors dans son pays natal, en Galles du Sud, où il demeure toute une année, sans pouvoir retourner. Qu'il se soit exposé par la suite à la mort et à la ruine, ne vous en étonnez pas, car celui qui aime d'un cœur loyal devient malheureux et affligé quand son ardeur est contrariée. Tristan est donc malheureux et soucieux et c'est pourquoi il quitte son pays pour se rendre directement en Cornouailles, là où habite la reine.

Il se tapit tout seul dans la forêt, ne voulant pas qu'on le voie, et le soir il en sort quand arrive le moment de s'abriter ; alors, chez des paysans, de pauvres gens, il trouve un gîte pour la nuit, et demande à ceux-ci des nouvelles sur les activités du roi. Ils lui répondent qu'ils ont appris qu'ayant été convoqués, les barons doivent venir à Tintagel, car le roi veut y tenir sa cour : à la Pentecôte, ils seront tous là, on s'amusera joyeusement et la reine sera présente. À cette nouvelle, Tristan se réjouit beaucoup, car elle ne pourra se rendre à la fête qu'il ne la voie passer.

Le jour du départ du roi, Tristan revient dans la forêt sur le chemin que le cortège, il le sait, doit prendre ; il coupe par le milieu une branche de coudrier, qu'il équarrit, et, après avoir enlevé l'écorce au moyen de son couteau, il y grave son nom. Si la reine l'aperçoit, elle qui est très à l'affût de ce signe — il est déjà arrivé, à une autre occasion, qu'elle l'eût identifié de cette façon —, elle saura très bien qu'il s'agit de son ami aussitôt qu'elle verra la branche. Voici le contenu du message écrit par Tristan : longtemps il était resté là à attendre pour épier et trouver le moyen de la voir, car il ne pouvait vivre sans elle. Il en était d'eux tout comme du chèvrefeuille, qui se fixe au coudrier : lorsqu'il s'y est attaché et qu'il est bien enroulé autour de la tige, ils peuvent tous deux longtemps vivre ensemble, mais, s'il arrive qu'on veuille les séparer, le coudrier meurt bientôt et le chèvrefeuille également. « Belle amie, ainsi en est-il de nous : ni vous sans moi, ni moi sans vous. »

La reine arrive à cheval. Regardant le talus qui borde le chemin, elle aperçoit le bâton, qu'elle remarque bien, et en reconnaît toutes les lettres. À tous les chevaliers de sa suite qui font route avec elle, elle ordonne de s'arrêter : elle veut, dit-elle, descendre de cheval pour se reposer. Ils obéissent à son ordre et elle se retire à l'écart de ses gens, appelant auprès d'elle sa suivante, Brangien, dont la loyauté est à toute épreuve.

Elle s'éloigne un peu du chemin et, dans le bois, elle trouve celui qu'elle aime plus que tout au monde : ils expriment l'un à l'autre toute leur joie. Il lui parle tout à loisir et elle lui dit ce qu'elle désire. Puis, elle lui indique comment se réconcilier avec le roi, qui avait éprouvé beaucoup de chagrin de l'avoir chassé comme il l'a fait ; c'était à cause d'une dénonciation qu'il avait agi ainsi. Sur ce, elle doit partir et quitter son ami, mais, au moment de se séparer, ils fondent en larmes. Tristan retourne au pays de Galles, où il attend que son oncle le rappelle.

À cause de la joie qu'il a ressentie à revoir son amie, pour garder le souvenir du moyen grâce auquel la reine a pu lire ce qu'il avait écrit et pour se rappeler leurs propos, Tristan, qui savait bien jouer de la harpe, composa un nouveau lai ; je le nommerai très succinctement : les Anglais l'appellent *Gotelef*, les Français, *Chèvrefeuille*. Je vous ai dit l'histoire vraie de ce lai, que je viens de vous raconter.

Éliduc

D'un très ancien lai breton, je vous ferai le récit et vous en expliquerai toute l'histoire comme je crois bien la comprendre.

En Bretagne, il y avait un chevalier, preux et courtois, hardi et fier ; il s'appelait Éliduc, à ce que je sais. Il n'y avait pas dans le pays un homme d'une telle valeur. Il avait comme épouse une femme noble et sage, de haut lignage et de grande famille. Ils vécurent longtemps ensemble, s'aimant très sincèrement. Mais il arriva, par la suite, qu'à l'occasion d'une guerre Éliduc alla offrir ses services et alors devint amoureux d'une demoiselle qui était fille d'un roi et d'une reine. Elle se nommait Guilliadon et, dans le royaume, il n'y en avait pas de plus belle. Quant à la femme d'Éliduc, on l'appelait Guildeluec dans son pays. Le lai tire son nom des deux : *Guildeluec et Guilliadon* ; il fut d'abord nommé *Éliduc*, mais son nom est maintenant changé, car c'est bien aux dames qu'est arrivée l'aventure dont le lai fut tiré. Je raconterai comment tout arriva et vous dirai la vérité sur cette histoire.

Éliduc avait pour suzerain le roi de Petite Bretagne, qui l'aimait et avait pour lui une grande estime. Pour sa part, il le servait loyalement. Quand le roi voyageait, où qu'il allât, Éliduc avait la tâche de veiller sur le pays. À cause de sa valeur, le roi le retenait auprès de lui et, pour cette raison, il put jouir de nombreux privilèges, comme de pouvoir chasser dans les forêts sans rencontrer de garde forestier assez hardi pour oser le lui interdire ou le moindrement murmurer. Mais à cause de l'envie que suscitait sa valeur, comme cela arrive souvent à d'autres, on le calomnia auprès de son seigneur, le discréditant par des accusations, si bien que ce dernier le chassa de la cour, sans lui dire de quoi il retournait. Éliduc, qui ignorait la cause de cette situation, demanda souvent au roi qu'il lui permît de se justifier et qu'il cessât de croire la calomnie, car il l'avait servi avec beaucoup d'empressement. Mais le roi refuse de lui répondre et, puisqu'il ne veut rien entendre, Éliduc se voit forcé de partir.

Il retourne donc chez lui, où il rassemble tous ses amis. Il les met au courant, au sujet du roi son seigneur, de l'hostilité qu'éprouve celui-ci à son égard. Il l'a servi, dit-il, du mieux qu'il pouvait et jamais il n'aurait dû subir son ingratitude. Le vilain dit dans un proverbe que, lors d'une dispute avec un valet de ferme, « amitié de seigneur n'est pas fief ». Mais celui-là est sage et bien avisé qui agit loyalement envers son seigneur et, avec amitié, envers ses bons voisins. Éliduc ajoute qu'il ne veut plus rester dans le pays, mais qu'il traversera la mer pour se rendre dans le royaume de Logres, où il passera quelque temps. Il laissera sa femme dans son domaine, recommandant à ses vassaux, ainsi qu'à tous ses amis, de la protéger loyalement.

Il s'en tient à cette décision et s'équipe richement. Ses amis sont très tristes qu'il les quitte. Il emmène avec lui dix chevaliers. Sa femme, qui assiste à son départ, ressent une très grande douleur à l'idée de se séparer de son mari, mais il lui promet, pour sa part, de lui rester fidèle et, sur ce, il s'en va. Allant droit devant lui, il parvient à la mer, qu'il traverse, et il arrive à Totness.

Il y a de nombreux rois dans ce pays qui se combattent et se font la guerre. Dans la région où il se trouve, près d'Exeter, vit un seigneur très puissant qui est d'un âge très avancé ; il n'a pas d'héritier mâle, mais il a une fille à marier et, parce qu'il ne veut pas la donner à l'un de ses pairs, celui-ci lui fait la guerre et ravage tout son domaine. Il l'encercle dans un de ses châteaux, où il n'y a aucun chevalier assez hardi pour oser sortir dans le but de l'attaquer en combat singulier ou dans une bataille. Éliduc, entendant parler de cette affaire, ne veut pas poursuivre plus avant. Puisqu'il y a trouvé la guerre, il décide de rester dans ce pays. Le roi qui est dans la situation la plus précaire, qui est le plus atteint et le plus accablé, il voudra l'aider de tout son pouvoir et lui offrir ses services. Il lui envoie des messagers et lui fait savoir, dans une lettre, qu'il a quitté son pays pour venir à son aide ; qu'il lui fasse connaître, en retour, son bon plaisir et, s'il ne veut pas retenir ses services, qu'il lui donne un sauf-conduit pour traverser ses terres ; il irait alors servir plus loin.

Quand le roi voit les messagers, il les reçoit avec grande bienveillance et respect. Il appelle son connétable, lui ordonne de s'empresser de former une escorte et de lui amener le chevalier en question. Qu'en outre il fasse préparer un logement où lui et ses hommes puissent s'installer et qu'il leur fasse remettre en don tout ce qu'ils voudront pour leurs dépenses du mois. On réunit l'escorte et l'on envoie chercher Éliduc, qui est reçu avec tous les honneurs, car le roi se réjouit fort de sa venue. On le loge chez un bourgeois qui est fort sage et courtois. Celui-ci met à la disposition de son hôte sa belle chambre tapissée de tentures. Éliduc est admirablement servi et il invite à sa table les chevaliers pauvres qui logent dans la ville. À tous ses hommes, il interdit, sans distinction, d'avoir l'audace d'accepter, durant les quarante premiers jours, quelque rétribution en nature ou en espèces.

Le troisième jour après son arrivée, le bruit s'élève dans la ville que les ennemis sont venus et qu'ils se sont répandus dans la région : maintenant, ils voudront attaquer la ville et ils parviendront jusqu'aux portes. Éliduc entend le tumulte du peuple affolé. Il s'arme sans plus attendre, de même que ses compagnons. Il y a quatorze chevaliers disposant d'un cheval qui, dans la ville, sont valides, nombreux étant ceux qui sont blessés et beaucoup ayant été faits prisonniers.

Voyant Éliduc monter à cheval, les chevaliers vont eux-mêmes s'armer dans leurs logements et sortent avec lui par la porte, sans en attendre l'ordre. « Seigneur, font-ils, nous vous accompagnerons et, ce que vous ferez, nous le ferons. » Il leur répond : « Soyez-en remerciés ! Y aurait-

il quelqu'un parmi vous qui connût un passage difficile ou
un défilé où on pût les surprendre ? Si nous les attendons
ici, il se peut bien que nous nous battions avec eux, mais
cela ne nous offre aucun avantage alors qu'un autre plan
le pourrait. » Les chevaliers lui disent : « Seigneur, par
notre foi, près de ce bois, dans ce champ de lin, il y a un
chemin étroit par où ils retournent à leur point de
départ. Quand ils auront pris leur butin, c'est par là qu'ils
rentreront. Souvent sans leurs armes, sur leurs palefrois,
ils s'en retournent. Si l'on prenait le risque de mourir tout
bonnement, il deviendrait vite possible de leur faire subir
des pertes et, les humiliant, de leur porter préjudice. »
Éliduc leur répond : « Mes amis, j'en témoigne sous la foi
du serment, celui qui, de façon répétée, refuse les situa-
tions où il croit qu'à coup sûr il perdra ne gagnera jamais
beaucoup ni n'acquerra une grande renommée. Vous êtes
tous des vassaux du roi et, à ce titre, lui devez fidélité.
Suivez-moi là où j'irai et faites ce que je ferai ! Je puis
vous assurer, en toute loyauté, que vous ne subirez aucune
perte pour autant que cela dépende de moi. Si nous pou-
vions obtenir quelque succès, on nous estimera hautement
pour avoir infligé des pertes à nos ennemis. »

Ayant reçu cet engagement, les chevaliers le conduisent
jusqu'au bois. Près du chemin, ils se mettent en embus-
cade en attendant que les autres reviennent. Éliduc leur
indique bien, en leur fournissant des explications, de
quelle manière ils fondront sur eux en les défiant par des
cris. Dès que les ennemis sont engagés dans le défilé,
Éliduc les défie, puis il appelle tous ses compagnons et les
exhorte à se distinguer. Ils donnent de grands coups, sans
épargner personne. Tout décontenancés, leurs adversaires

se dispersent en désordre ; en peu de temps, ils sont vaincus. Leur connétable est fait prisonnier, de même que de nombreux autres chevaliers, que l'on confie aux écuyers ; n'étant eux-mêmes que vingt-cinq, les vainqueurs font trente prisonniers chez leurs adversaires, et ils s'emparent avec entrain de leur équipement : le butin qu'ils récoltent est prodigieux. Ils retournent tout heureux de leur admirable réussite.

Le roi se tenait sur une tour ; craignant beaucoup pour ses hommes, il se plaignait terriblement d'Éliduc, car, inquiet, il supposait que celui-ci avait pu exposer ses chevaliers par trahison. Mais ceux-ci arrivent en bonne formation et abondamment chargés. Ils sont plus nombreux au retour qu'ils ne l'étaient au départ ; alors le roi, ne les reconnaissant pas, se met à douter et à se défier : il ordonne que l'on ferme les portes et que ses gens montent sur les remparts pour jeter des projectiles et lancer des traits. Mais ils n'en auront nul besoin, car ceux qui arrivent se font précéder d'un écuyer, qui s'élance en éperonnant et vient raconter à tous ce qui est arrivé, leur disant comment le chevalier mercenaire a vaincu les ennemis et comment il s'est comporté. D'après lui, jamais n'exista un chevalier de cette qualité : il a fait prisonnier le connétable, en a capturé vingt-neuf autres et en a blessé ou tué un grand nombre.

Apprenant cette nouvelle, le roi est transporté de joie ; il descend alors de la tour et vient à la rencontre d'Éliduc, qu'il remercie pour son fait d'armes. Celui-ci lui livre les prisonniers et répartit l'équipement entre ses hommes, ne retenant pour son usage que trois chevaux qu'on lui avait recommandés ; il partage tout jusqu'à sa propre part qu'indifféremment il donne aux prisonniers et aux autres combattants.

À la suite de l'exploit que je viens de vous rapporter, le roi lui accorde, sans réserve, son affection et son estime. Pendant toute une année, il le retient auprès de lui, de même que ceux qui l'accompagnent. Il reçoit son serment de fidélité et fait de lui le gardien de ses domaines.

Éliduc était courtois et sage et c'était un beau chevalier, brave et généreux. Ayant entendu parler de lui et raconter ses hauts faits, la fille du roi, par l'intermédiaire d'un de ses chambellans, l'invite chez elle, le priant de venir se distraire en s'entretenant avec elle pour bien faire connaissance. Elle s'étonnait grandement qu'il ne se présentât pas chez elle. Éliduc répond qu'il ira la voir et que c'est avec plaisir qu'il fera connaissance avec elle. Il monte sur son destrier et, en compagnie d'un chevalier, il se rend auprès de la jeune fille pour s'entretenir avec elle. Au moment d'entrer dans la chambre de celle-ci, il se fait annoncer par le chambellan, restant lui-même un peu en retrait, jusqu'au retour de ce dernier. Ayant le visage empreint de douceur et de simplicité, prenant un maintien très noble, il adresse avec grande distinction ses remercie- ments à la demoiselle Guilliadon, qui était très belle, pour avoir eu l'amabilité de le convier à venir s'entretenir avec elle. Celle-ci le prend par la main et ils s'assoient sur un lit. Ils parlent abondamment pendant que la jeune fille l'observe attentivement, son visage, sa personne, ses manières. Elle se dit qu'il n'y a chez lui rien de déplaisant et, au fond d'elle-même, elle éprouve à son égard une

grande estime. Puis Amour lui lance son message, l'enga-
geant à aimer Éliduc, la faisant pâlir et soupirer ; mais elle
ne veut pas lui exprimer son sentiment de peur qu'il ne se
formalise de son geste.

Éliduc reste auprès d'elle pendant longtemps, puis il
prend congé et s'en va. C'est bien à contrecœur qu'elle lui
accorde son congé, mais il la quitte quand même pour se
rendre à son logis. Là, il est tout triste et désolé, boule-
versé par la beauté de la fille du roi, son seigneur, elle qui
lui a dit des mots si doux tout en soupirant. Il se sent très
malheureux d'avoir vécu si longtemps dans ce pays sans
la fréquenter. Ayant exprimé de tels sentiments, il se
repent toutefois, se souvenant de sa femme et de la pro-
messe qu'il lui a faite de lui rester fidèle et de se com-
porter avec loyauté à son égard.

L'ayant vu, la jeune fille pour sa part voudra faire de lui
son amant : jamais elle n'avait éprouvé une telle estime
pour un homme. Si elle peut y parvenir, elle le retiendra
comme amoureux. Elle veille toute la nuit dans cet esprit,
sans se reposer ni dormir. Le lendemain, s'étant levée de
bon matin, elle va à une fenêtre et appelle son cham-
bellan, à qui elle s'ouvre sur son état : « Ma foi, fait-elle,
je suis bien en peine, car je me suis mise dans une mau-
vaise situation. Je suis amoureuse du nouveau capitaine,
Éliduc, le valeureux chevalier. Je n'ai trouvé aucun repos
la nuit dernière ni n'ai pu fermer l'œil. S'il veut bien
m'accorder son amour et m'engager son être, je ferai tout
ce qui lui plaira ; il peut en tirer un grand avantage, car
ainsi il deviendra roi de ce pays. Il est si sage et si
courtois que, s'il ne m'aime pas d'amour, il ne me reste

plus qu'à mourir de chagrin. » Quand elle s'est épanchée
à son gré, le chambellan qu'elle a appelé lui donne un
conseil loyal, que personne ne doit lui reprocher.
« Madame, fait-il, puisque vous l'aimez, faites-lui porter
un message et envoyez-lui une ceinture, un lacet ou un
anneau : ce geste lui plaira. S'il reçoit votre cadeau avec
bienveillance et s'il se réjouit de votre message, vous
pouvez être sûre de son amour. Il n'y a aucun empereur
au monde, si vous acceptiez de l'aimer, qui ne dût jouir
d'une grande félicité. »

La demoiselle répond, après avoir entendu ce conseil :
« Comment saurai-je, grâce à mon cadeau, s'il a quelque
intention de m'aimer ? Je n'ai jamais rencontré un che-
valier qui se fît prier, qu'il éprouvât amour ou haine, pour
garder bien volontiers le cadeau qu'on lui envoyait. Je ne
pourrais le moindrement souffrir qu'il se moquât de moi.
Mais pourtant, à son expression, il est possible de savoir
un peu ce qu'il pense. Préparez-vous et rendez-vous
auprès de lui ! — Je suis, dit-il, fin prêt. — Vous lui
apporterez un anneau d'or, lui remettrez ma ceinture et le
saluerez mille fois de ma part. »

Le chambellan s'en va, la laissant dans un tel état d'âme
que peu s'en faut qu'elle ne le rappelle, mais elle ne l'en
laisse pas moins partir. Alors, elle se met à se lamenter :
« Hélas, voici que mon cœur est épris d'un étranger ! Je
ne sais même pas s'il est de haut parage et, qui plus est,
il s'empressera de partir, m'abandonnant à mon malheur.
Quelle folie d'avoir fait de lui l'objet de mes pensées ! Je
ne lui ai parlé qu'une fois hier et voici que je lui fais offrir
mon amour ! Je pense bien qu'il me le reprochera, mais,

s'il est courtois, il m'en saura gré. Maintenant, le sort en est jeté. S'il n'a cure de mon amour, je me tiendrai pour fort misérable et jamais plus, dans ma vie, je ne ressentirai de joie. »

Tandis qu'elle se lamente, le chambellan, lui, se hâte. Arrivé auprès d'Éliduc, il lui transmet en secret les salutations que la jeune fille lui envoie, lui offre l'anneau et lui remet la ceinture. Le chevalier le remercie, glisse l'anneau d'or à son doigt et met la ceinture autour de sa taille ; le serviteur ne lui dit rien de plus et Éliduc, pour sa part, ne lui demande rien, se contentant de lui offrir un cadeau. Mais le chambellan refuse celui-ci et s'en va.

Il retourne auprès de la demoiselle, qu'il trouve dans sa chambre ; de la part d'Éliduc, il la salue et lui transmet ses remerciements pour le présent. « Allons, fait-elle, ne me cache rien ! Veut-il m'aimer d'amour ? » Il lui répond : « Je le pense, car le chevalier n'est pas homme frivole ; j'estime qu'il est courtois et sage, car il sait fort bien cacher ses sentiments. Je l'ai salué de votre part et lui ai offert vos cadeaux ; il a ceint votre ceinture, qu'il a mise soigneusement autour de sa taille, et il a glissé l'anneau à son doigt. Je ne lui ai rien dit d'autre et lui non plus. — Mais alors, ce n'est pas comme un gage d'amour qu'il a accepté mes cadeaux ? S'il en est ainsi, je le ressens comme une perfidie. » Le chambellan lui répond : « Ma foi, je ne sais pas, mais écoutez maintenant ce que je vais vous dire : s'il ne vous voulait le plus grand bien, il n'aurait pas accepté quelque chose de vous. » — Tu veux plaisanter ! fait-elle. Je sais parfaitement qu'il ne me hait pas : je ne lui ai jamais causé aucun tort sauf que je suis passionnément amoureuse de lui ; et si pour autant il veut me haïr, alors il est digne de mourir. Jamais plus, par ton entremise ni par celle de personne d'autre, jusqu'à ce que je puisse moi-même lui parler, je ne veux rien lui demander ; je désire, en personne, lui expliquer comment mon amour pour lui m'opprime. Mais j'ignore s'il doit rester parmi nous. » Le chambellan lui répond : « Madame, le roi a retenu ses services pour un an, en lui faisant jurer d'être à sa disposition en toute loyauté. Vous pouvez avoir tout le loisir de lui faire connaître votre bon plaisir. »

Apprenant qu'il allait rester, elle éprouve une grande satisfaction, toute joyeuse à l'idée de ce long séjour ; elle ne sait rien de la souffrance qui est la sienne depuis qu'il l'a vue. Lui n'éprouve plus ni joie ni plaisir, sauf lorsqu'il pense à elle. Il se tient pour très malheureux, car il a promis à sa femme, avant de quitter son pays, qu'il n'aimerait qu'elle. Et voilà que son cœur se trouve bel et bien réduit en captivité. Il veut rester loyal, mais il ne peut absolument pas faire en sorte de ne pas aimer la demoiselle Guilliadon, qui est si belle, s'empêcher de désirer la voir et lui parler, l'embrasser et la prendre dans ses bras. Mais jamais il ne lui requerra un amour qui soit pour lui cause de déshonneur, autant pour la fidélité qu'il doit à sa femme qu'à cause de sa relation avec le roi. Éliduc se trouve dans un grand embarras. Il monte à cheval sans tarder et appelle ses compagnons pour aller au château parler au roi. Il verra la jeune fille s'il le peut et c'est dans ce but, en réalité, qu'il fait cette démarche.

De son côté, le roi s'est levé de table et s'est rendu dans les appartements de sa fille. Il entame une partie d'échecs avec un chevalier d'outre-mer ; sa fille se tient de l'autre côté de l'échiquier pour qu'il puisse lui montrer à jouer. Éliduc s'avance et le roi lui fait un très bon accueil, le priant de s'asseoir à côté de lui. S'adressant à sa fille, il lui dit : « Demoiselle, avec ce chevalier, vous devriez entretenir de bonnes relations et le traiter avec beaucoup d'égards, car, sur cinq cents, il n'y en a pas de meilleur. »

Lorsqu'elle entend ce que son père lui conseille, la jeune fille est toute joyeuse. Se levant, elle invite Éliduc et ils vont s'asseoir loin des autres. Tous les deux, ils brûlent d'amour, mais elle n'ose pas lui adresser la parole et lui, il redoute de lui parler, se bornant à la remercier du présent qu'elle lui a envoyé : il n'a jamais rien reçu de si précieux. Elle répond au chevalier qu'elle en est très heureuse, car, si elle lui a envoyé l'anneau de même que la ceinture, c'est qu'elle lui a fait don de sa personne ; elle l'aime d'un tel amour qu'elle veut faire de lui son mari et, si elle ne peut pas l'avoir, qu'il sache bien une chose : de sa vie, jamais elle ne se mariera.

À son tour maintenant de lui dire ce qu'il veut ! « Madame, fait-il, je vous suis très reconnaissant de m'accorder votre amour et ma joie en est grande. Puisque vous m'estimez à ce point, j'en suis, sans nul doute, très heureux et, quant à moi, je vais persévérer. Je suis tenu de rester un an auprès du roi : je lui ai fait la promesse qu'en aucun cas je ne le quitterais, jusqu'à ce que sa guerre soit terminée ; alors, je retournerai dans mon pays, car je ne veux pas m'établir ici si je puis recevoir de vous mon congé. » La jeune fille lui

répond : « Mon ami, je vous suis très reconnaissante. Vous
êtes si sage et si courtois qu'auparavant vous aurez clai-
rement résolu ce que vous voudrez bien faire de moi. Je
vous aime plus que tout et vous fais entièrement con-
fiance. »

Ayant pris ces engagements, ils n'ont rien dit d'autre,
cette fois-là. Éliduc retourne à son logement et il est tout
joyeux, car il a bien agi. Souvent il peut s'entretenir avec
son amie et leur amour est grand. Par ailleurs, il mène si
bien la guerre qu'il capture et fait prisonnier celui qui
combattait le roi, dont il libère tout le territoire. On
l'estime beaucoup par sa vaillance, pour sa sagesse et
pour sa générosité. Tout lui a parfaitement réussi.

Pendant ces événements, son suzerain l'avait envoyé
chercher hors de ses terres par trois messagers. Il était
acculé à la ruine, écrasé par les épreuves ; il perdait tous
ses châteaux, l'un après l'autre, et tous ses domaines
étaient de plus en plus ravagés. Il s'était très souvent
reproché de s'être séparé de lui : il avait alors reçu de
mauvais conseils et il avait eu tort de les suivre. Quant
aux traîtres qui avaient accusé Éliduc et l'avaient discré-
dité en le calomniant, il les avait chassés du pays et exilés
à jamais. Dans son grand dénuement, il faisait appel à lui,
l'exhortait et le conjurait, en vertu de la promesse d'aide
qu'il lui avait faite, lors de la cérémonie de l'hommage,
de venir lui porter secours, car il en avait le plus grand
besoin.

Apprenant cette nouvelle, Éliduc est très contrarié à cause
de la jeune fille, car il l'aime plus que de raison et elle de

même, d'un amour total. Mais ils ne se permettent aucune licence et leur amour est sans légèreté ni indécence ; conversations galantes et échanges de beaux cadeaux, c'est là leur relation ; ainsi vivent-ils leur amour. Son souci, à elle, et l'espoir qu'elle nourrit, c'est de l'avoir tout à elle, de le retenir si elle le peut, ne sachant pas qu'il a déjà une femme. « Hélas, se dit-il, j'ai mal agi. Je suis resté trop longtemps dans ce pays et c'est pour mon malheur que je l'ai vu. J'y suis tombé amoureux d'une jeune fille, Guilliadon, la fille du roi, que j'aime passionnément comme elle m'aime. Puisqu'il me faut me séparer d'elle, l'un de nous deux doit mourir, ou même les deux peut-être. Et pourtant, il me faut partir : mon suzerain m'a demandé de venir par une lettre, m'adjurant en vertu de mon serment, et, par ailleurs, de ma femme il faut maintenant que je me soucie. Je ne puis rester ici plus longtemps, car le devoir m'oblige à partir. Et si j'avais épousé mon amie, je vivrais en désaccord avec la loi chrétienne. Tout va mal pour moi. Dieu, comme la séparation est pénible ! Mais, même si l'on doit m'en blâmer, je ferai droit aux vœux de mon amie : j'accomplirai tous ses désirs et j'agirai en suivant ses conseils. Le roi, son père, dispose d'une paix sûre, et je ne crois pas que personne lui fasse désormais la guerre. En raison de l'état de besoin où se trouve mon suzerain, je demanderai mon congé avant le jour que l'on a fixé pour la fin du séjour que je devais faire auprès du roi, dans ce pays. J'irai parler à la jeune fille et lui expliquerai toute ma situation ; elle me dira sa volonté et je m'y conformerai de mon mieux. »

Le chevalier, sans plus tarder, va prendre congé du roi. Il lui raconte ce qui arrive, il lui montre et lui lit la lettre que son suzerain lui a envoyée pour l'appeler à son aide dans sa situation précaire. Ayant pris connaissance de cet appel, le roi comprend qu'il ne restera pas, et il en est très triste et désolé. Il lui offre une grande part de ses biens, égale au tiers de son héritage, et il met son trésor à sa disposition. Pour qu'il reste auprès de lui, il le comblera à un point tel qu'Éliduc se louera de lui tous les jours de sa vie. « Au nom de Dieu, fait ce dernier, pour cette fois-ci, comme mon suzerain est dans l'adversité et qu'il m'a appelé à l'aide de si loin, j'irai lui porter secours ; il n'est aucunement question que je reste. Si vous avez besoin de mes services, je reviendrai avec plaisir auprès de vous, accompagné d'une importante troupe de chevaliers. »

Le roi le remercie de ces dispositions et, avec bienveillance, lui accorde son congé. Tous les biens qu'il possède, il les met à sa disposition : or, argent, chiens et chevaux, vêtements de soie de belle qualité. Éliduc se pourvoit avec modération, puis il lui dit courtoisement qu'il irait parler à sa fille avec grand plaisir, si cela lui agréait. Le roi répond : « Cela me convient parfaitement », et il envoie un jeune noble ouvrir la porte de l'appartement.

Éliduc s'avance alors, dans l'intention de parler à la jeune fille. Dès que celle-ci le voit, elle lui adresse mille saluts. Il lui demande conseil sur son affaire, lui exposant brièvement les causes de son départ. Mais, avant qu'il n'ait terminé son explication et qu'il n'ait pris ou demandé son congé, elle s'évanouit de douleur et devient toute pâle.

Quand il la voit s'évanouir, Éliduc se tourmente. Il lui
baise la bouche à maintes reprises et il pleure, plein de
tendresse. Il la prend dans ses bras et la garde contre lui,
jusqu'à ce qu'elle reprenne conscience. « Pour l'amour de
Dieu, fait-il, ma douce amie, permettez-moi un peu de
vous parler ! Vous êtes ma vie et ma mort et mon seul
espoir. Je vous demande conseil à cause de la promesse
qui nous lie. C'est par nécessité que je retourne dans mon
pays, et, dans cette intention, j'ai pris congé de votre père,
mais je ferai votre bon plaisir quoi qu'il doive m'arriver.
— Emmenez-moi avec vous, fait-elle, puisque vous ne
voulez pas rester ! Sinon, je me tuerai, car alors, jamais
plus je ne pourrais éprouver joie ou bonheur. »

Éliduc lui répond avec douceur, lui qui l'aime profondé-
ment d'un amour sincère : « Belle amie, je suis par
serment sans nul doute lié à votre père et, si je vous
emmenais avec moi avant le terme fixé, je manquerais à
ma foi. En toute loyauté, je vous jure et vous donne
l'assurance que, si vous voulez bien me donner votre
congé, fixant un délai et indiquant le jour où vous voulez
que je revienne, il n'est rien au monde qui me retiendra,
à condition que je sois vivant et bien-portant. Ma vie est
entièrement entre vos mains. » La jeune fille, découvrant
alors la profondeur de son amour, lui fixe un délai et
détermine un jour où il reviendra la chercher.

Le moment de leur séparation est très pénible. Ils
échangent leurs anneaux d'or et s'embrassent tendre-
ment. Éliduc se rend alors jusqu'à la mer, qu'il traverse à
bonne allure, les vents étant favorables.

Au retour d'Éliduc, son suzerain manifeste joie et bon-
heur, de même que ses amis, ses parents, tous ceux qui
sont là et, au-dessus de tous, sa bonne épouse qui était si
belle, si sage et si vertueuse. Mais il était continuellement
soucieux à cause de l'amour qui le dominait ; jamais, rien
de ce qu'il pût voir ne provoquait chez lui joie ou réjouis-
sance et jamais, il n'éprouvera de joie qu'il ne revoie son
amie. Il adopte toutefois une attitude réservée, mais sa
femme souffre dans son cœur, car elle ignore de quoi il
retourne ; en elle-même, elle se plaint, et souvent elle lui
demande s'il a entendu dire qu'elle eût mal agi ou com-
mis une faute pendant qu'il était hors du pays. Avec
empressement, elle se justifierait en présence de ses
hommes, quand il lui plairait. « Madame, fait-il, je ne
vous accuse d'aucune faute ni d'aucun tort, mais, dans le
pays où je suis resté, j'ai promis au roi, et je le lui ai juré,
de retourner auprès de lui, car il a grand besoin de mon
aide. Si le roi, mon seigneur, rétablissait la paix, je ne
resterais pas huit jours de plus. Il me faudra supporter de
grandes souffrances avant de pouvoir retourner et, jusqu'à
mon retour, rien de ce que je vois ne me réjouira, car je
ne veux pas manquer à ma promesse. »

Alors, la dame n'insiste pas. Éliduc, quant à lui, reste
auprès de son seigneur, à qui il apporte son aide et sa
protection. Le roi agit en suivant ses conseils et protège
ainsi tout le pays. Mais, lorsque le terme approche que la
jeune fille a fixé, Éliduc prend des dispositions pour
conclure la paix, réconciliant le roi avec tous ses ennemis.
Ensuite, il se prépare à partir et décide des hommes qu'il
emmènera avec lui. Ce seront deux neveux qu'il aime
beaucoup, un de ses chambellans (celui qui avait été mis

au courant du secret et avait porté le message) et ses seuls écuyers. Il ne veut pas en emmener d'autres. À tous, il fait promettre et jurer de garder toute son affaire secrète.

Il prend la mer sans plus tarder ; la traversée se fait rapidement, et il arrive dans le pays où l'on désirait le plus sa présence. Éliduc, qui était rusé, se loge loin des ports, ne voulant pas qu'on le voie ni qu'on le reconnaisse au hasard d'une rencontre. Il envoie son chambellan en mission auprès de son amie pour apprendre à celle-ci qu'il est revenu, tenant en tous points sa parole. Ce soir-là, quand la nuit sera tout à fait tombée, qu'elle sorte de la ville ; le chambellan l'accompagnera et lui-même ira à sa rencontre. Le chambellan, qui avait changé de vêtements, s'en va à pied sans se presser et se rend directement à la ville où habite la fille du roi. Grâce à l'intensité de ses efforts, il entre dans sa chambre, salue la jeune fille et lui dit que son ami est arrivé. Quand elle apprend cette nouvelle, elle qui était toute triste et abattue se met à pleurer de joie avec tendresse et embrasse le messager, à plusieurs reprises. Celui-ci lui dit qu'à la tombée de la nuit, il est de toute nécessité qu'elle parte avec lui.

Ils passent toute la journée ainsi à préparer leur départ. Au soir, quand tout est dans l'obscurité, ils sortent de la ville, le jeune chambellan et la jeune fille, qui sont seuls tous les deux. Craignant beaucoup qu'on ne la remarque, elle porte un vêtement de soie finement brodé de fils d'or, mais elle a revêtu un manteau court. À une portée d'arc de la porte, il y avait un bois entouré d'une bonne clôture ; contre la palissade, les attendait l'ami de la jeune fille, qui était venu au-devant d'elle. Le chambellan conduit celle-ci à cet endroit ; Éliduc met alors pied à terre et l'embrasse. Ils se réjouissent fort d'être réunis. Éliduc la fait monter à cheval, monte de son côté, prend les rênes et part avec elle à toute allure.

Arrivés au port de Totness, ils embarquent aussitôt sur le navire qui s'y trouve ; il n'y a là que ses hommes et son amie Guilliadon. Le vent est favorable, il fait beau temps et tout l'air est serein. Mais, au moment où ils allaient arriver, un orage éclate en mer et un vent se lève à l'avant, qui les rejette loin du port ; la vergue se rompt en pièces et toutes les voiles se déchirent. Ils prient Dieu avec ferveur, saint Nicolas et saint Clément, de même que Notre Dame sainte Marie pour qu'auprès de son fils elle obtienne de l'aide afin qu'il les sauve de la mort et qu'ils puissent atteindre le port.

Tantôt s'éloignant, tantôt se rapprochant de la côte, ils dérivent au large. Ils sont sur le point de faire naufrage quand un des matelots s'écrie d'une voix forte : « Que faisons-nous là ? Seigneur, ici même avec vous, se trouve celle par qui nous périssons : jamais nous n'atteindrons la terre. Vous avez une loyale épouse et vous en amenez une autre, allant ainsi contre Dieu et contre la religion, contre le droit et contre la foi jurée ; laissez-nous la jeter à la mer ! et alors nous ne tarderons pas à aborder. » Entendant ces paroles, Éliduc, pour un peu, aurait éclaté de colère : « Fils de putain, fait-il, vil personnage, traître perfide, ne dis plus un mot ! S'il m'était permis de laisser mon amie, je te le ferais payer cher. » Mais il la tenait dans ses bras et lui redonnait courage, autant qu'il

pouvait, pour qu'elle supporte le mal de mer et la souf-
france d'avoir appris que son ami avait une épouse autre
qu'elle, dans son pays. Elle perd connaissance, laissant
tomber sa tête contre le visage d'Éliduc, toute pâle et
exsangue. Elle reste ainsi évanouie contre, sans revenir à
elle ni respirer. Éliduc, qui la porte dans ses bras, croit
sans aucun doute qu'elle est morte. Il s'abandonne alors
à sa vive douleur, puis se lève, se rue sur le matelot et lui
porte un coup d'aviron tel qu'il l'abat par terre de tout son
long ; puis, le saisissant par un pied, il le jette par-dessus
bord et les vagues emportent le corps.

Après l'avoir jeté à la mer, il va prendre le gouvernail et
manœuvre si bien qu'il entre dans le port et aborde.
Quand ils ont bien accosté, il fait jeter l'ancre et des-
cendre la passerelle. Le jeune fille, elle, gît toujours sans
connaissance, ayant l'air décidément morte. Éliduc clame
sa grande douleur et il serait mort sur place, n'eût été que
de lui. À ses compagnons, il demande que chacun le
conseille sur le lieu où l'on transportera la jeune fille, car
il ne se séparera pas d'elle qu'elle ne soit ensevelie, avec
tous les honneurs et de belles funérailles, dans un cime-
tière béni : étant fille de roi, elle y a droit.

Les compagnons sont très troublés et ne lui donnent
aucun conseil. Éliduc se demande alors à quel endroit il
pourra la transporter. Sa demeure étant près de la mer, il
pourrait s'y rendre pour l'heure du repas. Il y a une forêt
tout autour, qui s'étend sur trente lieues. Un saint ermite
y vit et il a une chapelle ; il est là depuis quarante ans et
maintes fois lui a parlé. C'est à lui, se dit-il, qu'il la por-
tera, et il l'ensevelira dans sa chapelle ; il lui donnera une

partie de sa terre, assez pour y fonder une abbaye, où il établira un couvent de moines, de nonnains ou de chanoines qui, toute la journée, prieront pour elle ; que Dieu ait pitié d'elle ! Il fait amener ses chevaux et ordonne à tous de se mettre en selle, mais il leur fait promettre de ne pas révéler son secret. Devant lui, sur son palefroi, il porte son amie qu'il accompagne.

Ils suivent le chemin sans dévier jusqu'à ce qu'ils entrent dans la forêt. Ils parviennent à la chapelle, où ils appellent et frappent à la porte, mais personne ne répond ni ne leur ouvre. Éliduc fait alors entrer un de ses hommes pour ouvrir la porte, après avoir tourné la clé. Il était mort depuis huit jours, le saint ermite, l'excellent homme ; Éliduc trouve là sa tombe creusée de fraîche date et il en est très triste, profondément bouleversé. Ses compagnons veulent creuser la fosse où il pourrait déposer le corps de son amie, mais il les fait reculer, puis il leur dit : « Il n'en est pas question ! Auparavant, je prendrai conseil auprès des sages du pays pour savoir comment je pourrai rehausser l'éclat de ce lieu, en érigeant une abbaye ou une église. Nous l'étendrons devant l'autel et la recommanderons à Dieu. » Il fait apporter les vêtements de la jeune fille et ils lui installent aussitôt un lit. Ils l'étendent sur celui-ci et on la laisse pour morte.

Mais quand vient le moment de se séparer d'elle, Éliduc croit mourir de douleur. Il lui embrasse les yeux et le visage, et dit : « Belle amie, à Dieu ne plaise que jamais je puisse porter des armes et rester en vie sur cette terre ! Belle amie, c'est pour votre malheur que vous m'avez rencontré ; douce et chère amie, pour votre malheur que vous m'avez suivi. Belle amie, maintenant vous seriez reine, n'eût été l'amour loyal et courtois dont vous m'avez sincèrement aimé. Mon cœur souffre beaucoup pour vous et, le jour où je vous enterrerai, j'entrerai dans un ordre monastique ; sur votre tombe, chaque jour je viendrai soulager ma douleur. »

Alors, il s'éloigne de la jeune fille et ferme la porte de la chapelle. Il envoie chez lui un messager pour annoncer à sa femme qu'il arrive, mais qu'il est las et fourbu. Quand elle apprend cette nouvelle, elle se réjouit beaucoup et se prépare à le recevoir. Elle accueille son mari avec plaisir, mais cela lui procure peu de joie, car il ne lui donne aucun signe d'attachement et ne lui dit aucun mot tendre ; pourtant personne n'ose lui en parler.

Il passe tout son temps sur ses terres. Il entend la messe de bon matin, puis seul il se met en route ; il se rend dans la forêt, à la chapelle où gît la demoiselle. Il la trouve toujours évanouie : elle ne revient pas à elle, ni ne respire. Mais il s'étonne beaucoup de voir que son teint demeure rose pâle ; à aucun moment, elle n'avait perdu ses couleurs si ce n'était qu'elle avait pâli légèrement. De douleur, il pleure à chaudes larmes et prie pour son âme. Sa prière terminée, il retourne chez lui.

Un jour, à la sortie de la messe, sa femme le fait épier par un de ses serviteurs, à qui elle a promis une bonne récompense ; celui-ci doit suivre de loin son maître et voir de quel côté il se dirigera. Elle lui donnera des chevaux et des armes. Obéissant à son ordre, le serviteur s'engage dans la forêt à la suite d'Éliduc, en prenant soin de ne pas se faire voir. Il observe bien et constate qu'il entre dans la chapelle et il l'entend manifester sa douleur. Avant qu'Éliduc ne sorte, il retourne auprès de sa maîtresse et lui raconte tout ce qu'il a entendu : éclatement de douleur, cris, et lui décrit le comportement de son mari dans l'ermitage. La dame en a le cœur tout remué et dit : « Nous irons là tout de suite et nous fouillerons tout l'ermitage. Mon mari doit, je crois, aller en voyage et se rendre à la cour, pour parler au roi. L'ermite est mort depuis peu et je sais fort bien qu'il avait de l'amitié pour lui, mais ce n'est certainement pas à cause de lui qu'il agirait ainsi et qu'il manifesterait une telle douleur. » Pour lors, elle s'en tient là.

Le même jour, dans l'après-midi, Éliduc va s'entretenir avec le roi. La dame se fait accompagner par son serviteur, qui la conduit à l'ermitage. Étant entrée dans la chapelle, elle voit le lit où se trouve la jeune fille, qui ressemble à une rose venant de s'ouvrir ; enlevant la couverture, elle voit son corps si bien fait, ses longs bras et ses mains blanches, ses doigts fins, longs et fermes. Dès lors, elle sait la vraie raison pour laquelle son mari est affligé. Elle fait venir son serviteur et lui montre cette chose étonnante : « Vois-tu, fait-elle, cette femme dont la beauté se compare à celle d'une pierre précieuse ? C'est l'amie de mon mari, pour laquelle il se désole tant. Ma foi, je ne m'en étonne pas du tout puisqu'il s'agit d'une si belle femme qui a péri. Autant par pitié que par amour, je ne connaîtrai plus la joie, à aucun moment. » Elle se met alors à pleurer et à plaindre la jeune fille, assise en larmes devant le lit.

Une belette arrive alors en courant, venue de sous l'autel, mais le serviteur la frappe parce qu'elle est passée sur le corps de la jeune fille ; il la tue d'un coup de bâton et la jette au milieu de la nef. Un bref instant plus tard, accourt la compagne de la belette, qui, voyant l'endroit où le corps de celle-ci est étendu, va tourner autour de sa tête et se met à la pousser de la patte de façon répétée. Ne réussissant pas à la faire lever, elle agit comme si elle éprouvait de la douleur. Alors, elle sort de la chapelle, se rend dans la forêt pour trouver des herbes et, avec ses dents, elle saisit une fleur d'une belle couleur vermeille. Elle revient rapidement sur ses pas ; dans la bouche de sa compagne que le serviteur avait tuée, elle la dépose et il s'ensuit, sur l'heure, que celle-ci retrouve vie. L'ayant remarqué, la dame crie au serviteur : « Retiens-la ! Lance ton bâton, brave homme, il ne faut surtout pas qu'elle s'échappe ! » Il lance son bâton et l'atteint si bien qu'elle laisse tomber la fleur.

La dame se lève, va la prendre, revient vite en arrière et, dans la bouche de la jeune fille, elle met la fleur douée d'une telle vertu. Peu de temps s'écoule avant qu'elle ne revienne à elle et qu'elle ne se mette à respirer. Puis, ouvrant les yeux, elle parle : « Dieu, fait-elle, que j'ai longtemps dormi ! » Quand la dame l'entend, elle rend d'abord grâce à Dieu et lui demande qui elle est. La jeune fille répond : « Madame, je suis née dans le royaume de Logres et suis fille d'un roi de ce pays. J'ai beaucoup aimé un chevalier, Éliduc, le valeureux capitaine, qui, avec lui, m'a emmenée. Il a commis la faute de me duper, me cachant qu'il avait une épouse ; jamais il n'en a donné moindre indice. Quand j'ai entendu parler de sa femme, la douleur que j'ai ressentie fut telle que je me suis évanouie. M'abandonnant avec lâcheté, il m'a laissée seule sur une terre étrangère. Il m'a trahie sans que j'en connaisse la raison. Bien folle est celle qui se fie à un homme ! — Belle amie, lui répond la dame, personne au monde ne pourrait lui apporter de la joie ; de cela on peut vous assurer. Il croit que vous êtes morte et sombre dans un terrible désespoir. Tous les jours, il vient vous contempler et je crois bien que, chaque fois, il vous retrouve évanouie. Quant à moi, je suis son épouse légitime et mon cœur souffre beaucoup pour lui. La douleur qu'il manifeste est telle que j'ai voulu savoir où il allait ; je l'ai suivi et je vous ai trouvée. Que je suis heureuse de vous voir vivante ! Je vous emmènerai avec moi et vous rendrai à votre ami ; je veux le déclarer quitte de toute obligation à mon égard et alors je prendrai le voile. » La dame réconforte la jeune fille et réussit ainsi à l'emmener avec elle.

Elle ordonne à son serviteur de prendre ses dispositions pour aller à la recherche de son mari, si bien qu'à la fin celui-là parvient à trouver celui-ci ; il le salue avec grâce et lui raconte ce qui s'est passé. Alors Éliduc monte sur un cheval, sans attendre ses compagnons, et retourne chez lui le soir même. Retrouvant son amie vivante, il remercie sa femme avec tendresse. Éliduc déborde de bonheur ; jamais de sa vie il n'a été aussi heureux. Il ne cesse d'embrasser la jeune fille et elle fait de même, très tendrement ; ils sont tous deux transportés de joie.

Quand la dame voit leur comportement, elle s'adresse à son mari. Lui demandant de lui accorder la permission de

se séparer de lui, elle veut, dit-elle, se faire nonne pour
servir Dieu ; qu'il lui donne une partie de sa terre pour
qu'elle y établisse une abbaye ; qu'il prenne comme
femme celle qu'il aime tant, car il n'est ni bien ni con-
venable qu'il garde deux épouses et, en outre, cela est
contraire à la religion. Éliduc consent à sa demande et lui
accorde volontiers son autorisation : il fera tout ce qu'elle
veut et lui donnera une partie de sa terre. Près du château,
dans le bois, là où se trouvent la chapelle et l'ermitage,
elle fait ériger son église et construire les bâtiments.
L'espace ne manque pas ni l'argent, en grande quantité :
elle aura tout ce qu'il lui faut. Quand tout est en parfait
état, la dame prend le voile, en compagnie de trente
nonnains, puis elle s'installe et établit la règle de son
ordre.

Éliduc, lui, épouse son amie ; dans un grand faste et avec
une solennité imposante, se déroulèrent les festivités le
jour de leurs noces. Ils vécurent longtemps ensemble et
l'amour qui les unissait était parfait. Ils faisaient de riches
aumônes et accomplissaient de belles actions jusqu'à ce
qu'ils se tournent vers le service de Dieu.

Près du château, de l'autre côté, en y mettant tous ses
soins et son attention, Éliduc forme une communauté. Il
abandonne à celle-ci la plus grande partie de ses terres,
tout son or et tout son argent ; il y établit des vassaux et
d'autres hommes ayant une foi très ardente pour observer
la règle et s'occuper des lieux. Lorsque tout est prêt, sans
tarder davantage il entre en religion, faisant vœu de sa
personne pour servir Dieu tout-puissant. Auprès de sa pre-
mière femme, il installe la seconde, qu'il aime tant. Elle la

reçoit comme une sœur, avec la plus grande déférence, l'exhorte à servir Dieu et lui enseigne la règle de son ordre. Elles prient Dieu, pour leur ami, de lui accorder sa miséricorde et lui prie pour elles, de son côté. Il leur envoie des messagers pour savoir comment elles se portent et si chacune conserve un bon moral. Tous trois, consacrant leurs efforts à aimer Dieu en toute loyauté, eurent une très belle fin par la miséricorde du Dieu de vérité.

Pour garder en mémoire ce qui advint à ces trois héros, les anciens Bretons, qui sont courtois, composèrent un lai, car il ne faudrait pas oublier leur aventure.